U0069423

顧曉軍紀實

顧曉軍 著

代序：「顧曉軍」之紀實

——紀實・四千九百六十八

十多年前，就有不少網友盼我寫自傳體小說了。我不想寫，因把自己打扮成聖、仙、神，不是我的風格。而如果寫得太實在，許有人會覺得，原來「顧曉軍」也不咋樣。如此，就會得出「不過是運氣好」的結論；而這，又走向了歧途。

年初，因調侃劉剛等，想到——用看似寫別人而實際寫自己的方法寫。進而，想到寫《顧曉軍紀實》。這樣，就寫下了〈追憶推特油管上的時光〉、〈魏京生，文革、西單牆及其他〉、〈有人對「我認識胡耀邦的兒子」感興趣〉、〈與嚴家其商榷：天安門四五運動的先聲〉、〈這些年，我「打倒魯迅」的歷史〉、〈當年我批鄧小平，驚動了全球華人。真的!〉等文章。

在寫下〈「顧曉軍主義哲學」之誕〉後，遇上了瓶頸；因〈「顧曉軍主義哲學」的三個方法論〉、〈「顧曉軍主義經濟學」的三個驕傲〉、〈「自由」之思想闡述〉、〈「公正第一」之艱難〉、〈「平民主義民主」之遭遇〉等，不能只講故事。如是，放下，看閑書。看了張國燾的《我的回憶》後，羨慕人家的記憶力好。然，也明白了——我記憶力不好，就得老老實實重溫自己的舊著。如是，寫出了上述幾篇。

瓶頸突破之後，這書也就成了八九。恰，今想到、就寫這〈「顧曉軍」之紀實〉，作《顧曉軍紀實》一書的「引言」或曰「代序」。

原本打好腹稿的〈我的童年、少年、青年和情感經歷〉等，只能放棄；原因如上，不想讓人們知道——我們這一代人，年輕時、都特別傻。特別傻，其實也未必只是我們、這代人年輕時；前後幾代、甚至如今的這一代，就不傻嗎?

我的「顧學」中的「質疑學派」等，是教人如何聰明起來、如何識破種種局的；可惜，太具體、得罪的人太多，也只好放棄。不過，保留了〈「維權」之騙局與活埋〉等；最重要的，是〈「顧曉軍主義」究竟是啥主義？〉、〈「顧曉軍主義哲學」之誕〉等，都是倡導解放思想、構建「化繁為簡」與「立體思維」等的。升級新的、高級思維，自然就不易受騙。

本書，將我的成就及大事記，基本上都寫了。當然，像〈美國自由亞洲電台「專訪」〉一類，即使想好了也不便寫。還有「蓋棺定論」，也不能寫；其實，這是我很想寫的，因我被喬裝成民主網站的舉辦方給耍了（若不是喬裝，就更壞，是品質問題）。不便展開寫的，還有《中國民運人物誌（「封神榜」-反彈琵琶）》書稿等。

那麼，「顧曉軍」算不算成功呢？如果顧粉團的《向諾貝爾和平獎、文學獎推薦顧曉軍》（2018 年 4 月出版，2019 年 1 月再版）以及向諾貝爾經濟學獎推薦顧曉軍，這其中有一項成功，「顧曉軍」自然就是成功的；而如果「三個推薦」都沒有成功呢，「顧曉軍」也算成功了。

為什麼呢？因為——其一，「顧曉軍」在現實中有「天安門四五運動的先聲」等；在網絡上，也有「打倒魯迅」、「批鄧理論」、「中國需要顧曉軍」等。而這些，類似袁世凱、孫中山，將青史留名。許，有人會說，袁、孫都是現實中的。那麼，請問，我「打倒魯迅」、「批鄧理論」等那會，現實中有啥？啥也沒有，網絡上的自然算。

其二，「顧曉軍」不僅是網絡「行為藝術」家，也是著作家。〈「中國著名作家顧曉軍」之出處〉後，有網友問「有何大作」，現回復，已出版《大腦革命》（2015 年 7 月）、《GuXiaojunist Philosophy（顧曉軍主義哲學【英文版】)》（2018 年 9 月）、《公正第一》（2016 年 4 月）、《平民主義民主》（2016 年 11 月）、《貿易戰》（2019 年 3 月）、《打倒魯迅》（2016 年 1 月）、《九月隨想》（2018

年 7 月)、《中國新民運》(2018 年 4 月）等。更重要的，是《大腦革命》等，佔領了人類思維能力的製高點；而《公正第一》、《平民主義民主》等，又突前於現代民主思想、理論的最前沿。且，還有《向諾貝爾和平獎、文學獎推薦顧曉軍》(顧粉團合著)、《世界欠顧曉軍一個諾獎》(石三生著，2019 年 3 月出版)、《顧曉軍主義之淺探》(盧德素著，2020 年 10 月出版)、《顧曉軍及作品初探》(劉麗輝著，2017 年 11 月出版）佐證之。

其三，「顧曉軍」還出版了長篇小說《天上人間花魁之死》(2019 年 8 月)、中短篇小說選《顧曉軍小說【一】》(2015 年 10 月)、《顧曉軍小說【二】》(2016 年 7 月)、《顧曉軍小說【三】》(2017 年 2 月)、《顧曉軍小說【四】》(2021 年 1 月)、《顧曉軍小說【五】——玩殘歐・亨利》(2021 年 10 月）和《顧曉軍談小說》(2019 年 1 月)。說實在，本書中只有一篇〈「顧曉軍小說」之旅〉，是談「顧曉軍小說」變遷的，實在是委屈了顧先生在文學上的創造與成就；然，顧粉團朋友正在撰寫中的《顧曉軍傳》、《向諾貝爾文學獎、和平獎、經濟學獎推薦顧曉軍》等，或能彌補上述之缺憾。

既然「顧曉軍」算得上是成功者，那麼，有什麼經驗可傳授呢？其一，不要有野心，尤其是起步時。其二，要經常規劃、調整自己。其三，一定要懂得止損（很重要)。這三點是成功的秘籍，缺一不可。

那啥叫「不要有野心」呢？比如，我打出「顧曉軍主義」旗號時，不曾想當思想家，更沒有政治野心，純粹跟編派「顧曉軍思想」的網友們賭氣。包括「打倒魯迅」，也是。因此，當有人「建議把『九月隨想』改寫成太平洋上某島國建國綱領」等陷阱出現時，就能很自然地規避。還如，「喝茶」時，人問，據說你還成立了個黨。我笑道，是，「中國公正黨」；可，誰見過只有自己一個人的黨呢？

「不要有野心」，不僅是思想上、政治上的，也包括經濟等方面。比如，我收「顧門弟子」、辨作家班等等，都不是為了斂財，甚至不收禮，還要批評打算送禮的網友。這樣，待「集顧粉之資做生意、發大財」、「海外來人了，上峰已到，要名單」等經濟的或其他的圈套、局出現時，就自然不會往裡鉆。

那麼，怎樣「經常規劃、調整自己」呢？比如，既打出「顧曉軍主義」旗號，就隨手寫點〈顧曉軍主義哲學〉等。不成氣候，也別管。想起來，再寫點〈兩種論〉等等……不知不覺，十幾年後，「顧曉軍主義哲學」、「顧曉軍主義社會學」、「顧曉軍主義經濟學」等，就水到渠成了。

在出版方面，也都如此。雖說《向諾貝爾和平獎、文學獎推薦顧曉軍》等等，起初都是網友們自發寫的；可，如果我不鼓勵，又咋可能成書呢？

而「一定要懂得止損」，就太重要了。有些人怕是盼我寫他們希望看到的，偏不。

舉個例，我曾撰寫過一本《道理學》的書。「道理學」，我已寫下了幾十篇，大半本書都已完成，讀者更是一片好評（也是寫一篇發一篇的）。突然，我不寫了，為何？我發現，已有相近的書。雖他們既沒我寫的精準，更沒我寫的深刻；然，這樣的書就不具有我《大腦革命》中的「化繁為簡」、「立體思維」、「多意性」那樣的獨創性，也不具有我《公正第一》、《平民主義民主》及《貿易戰》中的〈經濟學「時代指數」理論〉等那樣的首創性。因此，我立即止損，不浪費有限人生。

這其實不僅是止損、不浪費人生，還有如何選擇大部頭著作的命題問題。早了，我不說；待一幫犬儒都老了，我說；他們懂了，可、想止損、掉頭，來不及了，就死在「總體性社會」、「總體性資本」上吧！別人一查，「總體性」是匈牙利共產黨人盧卡奇（1885-4-13~1971-6-4）創造的馬列理論經典，犬儒不過是抄襲、剽竊。

哈哈，人生就是這麼地捉弄著各種各樣的人。以為自己當上了教授，就可以如何如何了，不，時間很快會熨平一切；以為他人主要在網上寫作，就可以剽竊、分拆、派發他著作中的精華？錯，沒準那人，就真的青史留名、永載史冊了呢？

又及（2023-9-3）：昨日的〈必應聊天機器人參與封殺顧曉軍〉大火（不足一天，訪問量已是平時的數倍），不知文章的看點——是聊天機器人不著調，還是機器人參與封殺顧曉軍。此處不展開，也不另行文，打算在同題材的〈舉證維基百科封殺「顧曉軍」〉一文中，簡單說下。

2023-8-28~ 9-4

目次

01 魏京生，文革、西單牆及其他

——紀實・四千八百五十四

題記

百度「魏京生」，居然有他的詞條（如今，百度已沒有「顧曉軍」詞條了；過去，百度介紹我時，稱之為「中國著名作家、當代思想家」）；老魏的詞條中，有這樣的介紹，「2008年//會見美利堅合眾國總統/2008年7月29日，美國總統喬治・布什會見了包括魏京生在內的……」

此外，擺渡「民主牆」，也給出了「西單牆」；詞條中的介紹是，「西單牆位於現今西單文化廣場南側一帶的一道灰色矮牆。該牆在當年被全國人民所關注，通稱為『西單民主牆』……」

緣起

最近，一不小心，就轉發了劉剛早幾年寫的〈顧曉軍是先知先覺〉，又寫了與他相關的〈追憶推特油管上的時光〉和〈劉剛懷念顧曉軍，我認識胡耀邦的兒子〉等，之後還寫了〈鼎鼎大名之劉剛的二三事〉。

那麼，劉剛最近在幹什麼呢？一無所知。如是，我萌生了去看一看的念頭。

魏京生

一看嚇一跳。2月12日，劉剛在說魏京生。

「一個華人，如果自覺不自覺地使用某些……詞彙，諸如……」「而魏京生就是言必稱『疆獨』、『藏獨』、『臺獨』、『港獨』……活脫脫地一個……」

一、我不參與此類話題。

二、早幾年玩推特時，聽說老魏由秘書發推。劉剛沒聽說？

文革

2月12日，劉剛又說。

「魏京生在文革期間，就是紅衛兵頭頭，帶上紅袖標，穿上黃軍裝，紮上軍腰帶，帶領一群紅衛兵去打砸搶，專門打地主、抽走資派，狂掃……」

這些可能是事實。畢竟魏京生是1950年5月20日出生，文革開始時，已滿16歲，約在讀初三，是很可能幹這些的。

此外，文革時，老魏的父母似都是軍內幹部。也就是說，被整的可能性不大；相反，倒是有可能會被派到地方上去支左、整別人。

在〈大家對「我認識胡耀邦的兒子」感興趣〉一文之中，我透露，「文革之初，不滿13歲的顧曉軍，即站在主席臺上被批鬥、『坐飛機』」。顯然，我的境遇與老魏正好相反。

於挨批鬥、「坐飛機」及兒時的經歷，我寫過篇文章，叫〈那年，我13歲，站在主席臺上挨批鬥〉（其實還不滿十三歲）；於此，有網友不以為然，跟帖說小孩鬥小孩，沒什麼大不了的。

其一，鬥我的人，都是老留級生，比我大兩三歲；在未成年、年齡基數小的時候，差兩三歲的感覺是大不一樣的。其二，即便是「小孩鬥小孩」，被人鬥與鬥別人，完全是兩回事——被人鬥，於心靈的創傷，是一輩子的事；而鬥別人，即便日後能反思，當時不也沾沾自喜嗎？

老前輩

2月12日，劉剛還說：

「新疆人、西藏人從美國NED得到的贊助超過了魏京生，魏京生就宣稱美國不再支持……」、「他魏京生拿不到美國NED的錢，就宣稱美國不支持中國……他以為他魏京生就代表了全中國人民，代表了中國的……」

唉，我就不要錢嘛。誰能幫我拿個諾獎，我就謝天謝地了。

再，我在〈大家對「我認識胡耀邦的兒子」感興趣〉中還透露，「22歲，刷出『打倒張春橋』的大標語」，並引導「22歲，是

1976年」。啥意思呢？我那被稱作「『天安門四五運動』的先聲」的「南京反標事件」，是1976年3月；而魏京生的「西單牆」，是1978年11月。換言之，老魏雖比我大三歲零三個月，然，我之「拋頭顱，灑熱血」比老魏之壯舉早了兩年零八個月；也就是說，我當算是老魏的前輩。

小三歲零三個月，又早兩年零八個月，相加是五年零十一個月。在都二十剛出頭時，行為上先行近六年，這還不算是一種思想上的「老前輩」嗎？

劉剛

2月12日，劉剛最後說：

「我不認為魏京生是……海外的特務」。

既然你不認為，說這麼多幹啥呢？劉剛這人就這樣，總說「對事不對人」。

對事不對人，沒錯。可也得分時間、地點、對象、方式等等吧？不能總是出擊吧？你看我，沒批評老魏一句，不也把話說清楚了？

還有，有時也可以反過來，也可以就是「只認人」。比如，以劉剛的名氣推薦我角逐諾獎；而如果我真因劉剛的推薦得到了，那勞資就「只認人」！不僅「只認人」，還要給劉剛發「顧曉軍獎」（現金，人民幣）。誰不服，也站出來推薦我好了。

思考

魏京生坐過牢，劉剛也坐過牢，海外不少人都坐過牢；如此，是否有種——以在大陸坐過牢為某種資本的傾向？

其實，這種思維是錯誤的。從有縱深感的角度看，在封建社會快消亡的時代裡，資本主義與社會主義是一前一後出生的孿生兄弟。而如果真有個替代資本主義的社會，替代者、未必是社會主義；相反，沒準社會主義也會跟著一起消亡。

何況，政治本是溝通、協商及妥協、寬容……所以，我在《中國新民運》（2018年4月出版）一書中提出「四不理論」，而其中之一就是「不被抓」。

被抓，雖可延伸成「勇敢」、「硬漢」；然，不也至少是不夠智慧？而「不被抓」，不更好嗎？

沒想要貶低老魏等，只想探討怎樣更好。

紀實

本篇，是最初始的《顧曉軍紀實》，欲在談論他人之中、透露些自己的真實歷史。不知如此是否合適。

先這麼試著寫。總算是開始了。

2023-2-14

02 有人對「我認識胡耀邦的兒子」感興趣

——紀實・四千八百七十九

此為前文〈大家對「我認識胡耀邦的兒子」感興趣〉之改寫。

寫〈追憶推特油管上的時光〉之後，見舊文〈劉剛懷念顧曉軍（我可能認識羅瑞卿的兒子）〉；而當初寫「我可能認識羅瑞卿的兒子」，則因羅宇剛去世，算是悼念。

在重發〈劉剛懷念顧曉軍（我可能認識羅瑞卿的兒子）〉時，發現文章的後面還談到「胡耀邦的兒子」，便隨手把標題「我可能認識羅瑞卿的兒子」，改寫成「我認識胡耀邦的兒子」。

如是，網友加拿大價值把文章推給了溫東小兵，調侃道「你來學習一下」。

溫東小兵看後裝腔作勢道，「在我看來……比如說胡耀邦的兒子有三個，都是40年代生人。在80年代是40-50歲的年齡……」，且說我「語焉不詳」等；他的意思，是說——我不太可能認識胡耀邦的兒子。

如此，我就不得不說了。

其一，〈劉剛懷念顧曉軍（我可能認識羅瑞卿的兒子）〉原文中，有「在單位，我很有名，至少我當時支持鄧小平（在全軍也掛上號）」。為增強當時的時代感，重發時我特地將原文的「支持鄧小平」後面加上「復出」，並添加了「說白了就是刷出『打倒張春橋』的標語」。稍知當年背景的人都明白，作為「先聲」的「南京反標事件」與「天安門四五運動」為同一年（1976年。請記下：當年我在單位很有名，以便後面對照），比「四五運動」早一周，是3月28日。

其二，溫東小兵所說的「胡耀邦的兒子有三個，都是40年代生人」，這雖沒大錯；可，如果是1949年生的，也會是「在80年代是40-50歲的年齡」嗎？其實，溫東小兵從一開始就算錯了。

其三，百度有「胡耀邦」詞條，詞條中有「兒子胡德華」，打開有「胡德華……生於1949年。已故中共總書記胡耀邦的三子……1974年考上了南京的一所大學……與當地一位軍隊幹部之女結婚，直到1986年底才調至北京」。以上所引，與〈劉剛懷念顧曉軍，我認識胡耀邦的兒子〉相符，讀者已可對照與結論。

就「語焉不詳」等，我再說兩點。

第一，我習慣做人做事都留有余地。如我說「我可能認識羅瑞卿的兒子」，我是把他是否認可——承認認識我及我們是否相互認識（也包括「我認識胡耀邦的兒子」在內）的主動權、確認權，交給對方，這是一種尊重；同時，也是尊重自己——如果人家因某種不便，說不認識，豈不就太被動了？

恰好，我昨日已將〈與嚴家其商榷：天安門四五運動的先聲〉修訂完畢，且方方面面證據確鑿——「天安門四五運動」，為1976年4月5日；被譽為「先聲」的「南京反標事件」（專指刷出「打倒張春橋」的大標語），是3月28日（百度百科有「南京事件」詞條，詞條主要說南大師生）。對應「胡德華……1974年考上了南京的一所大學……直到1986年底才調至北京」，大家可以自己作出判斷——胡德華知不知道我，可不可能認識我。我無需多說。

第二，於百度、360等的百科，則既可信，又不能完全依賴。如「生於1949年」、「1974年考上」、「1986年底才調至北京」，則可信；而於「考上了南京的一所大學」，則暗藏回避——不肯明確說出軍校。

於此，也當可以理解。問題是，既然連百科等都「語焉不詳」，為何非要嚴苛我？再說得難聽點，「語焉不詳」其實是種生存方式。於此，也沒有攻擊誰的意思。哪裡是沒有任何禁忌、啥都可以說的？當然，秘密各有不同，何為泄密亦有區別；然，不觸犯禁忌，不當是生存之道？

本文，旨在厘清胡耀邦的兒子，有沒有可能知道我、認識我，也算是回應網友溫東小兵的自以為是。就「紀實」而言，則是旁證我當年的生活環境。沒別的企圖，也不敢有。

補記（2023-8-21）：以上詞條中有「胡德華……直到1986年底才調至北京」。我突然想起——胡耀邦的兒子胡德華，尚未調回北京、仍在學院期間，我曾調任學院院報編輯，分管第三、第四兩個版面……如此，我是否認識胡耀邦的兒子，或曰胡耀邦的兒子胡德華是否認識我，是不是可以不言而喻了呢？

2023-2-10~3-7

03 與嚴家其商榷：天安門四五運動的先聲

——紀實・四千八百七十七

嚴家其似乎已更名為嚴家祺了。然，我還得與嚴家其商榷；因，維基百科「嚴家其」詞條中有「《四五運動記實》（與劉長林等人合寫，發行8萬冊）人民出版社，北京，1979年4月」。

1979年4月出版的，尤其是人民出版社出版的《四五運動記實》，顯然無法真實記錄事件。因為——其一，標誌著改革開放的時間，為1978年12月18日。就算《四五運動記實》的寫作時間為3個月，出版周期也3個月，相加就半年了；也就是說，嚴家其與劉長林等構思《四五運動記實》，是在標誌改革開放的1978年12月18日之前。而如此，能真實反映四五運動的全貌與真實性嗎？很難做到的吧。

其二，即便算《四五運動記實》一書有背景，趕稿一個多月，趕印一個多月；書是在十一屆三中全會後突擊出版的，當時的政治氛圍也絕不會允許——有表現軍隊人員參與了天安門四五運動及其先聲。

因此，雖無緣拜讀嚴先生與人合著的《四五運動記實》，我亦深知嚴先生的《四五運動記實》，漏掉了整個四五運動的一個重要環節——「先聲」。

或許，有人會覺得我是否想當然了。然，我於2005年春上網初期，搜索過、見到過的〈「『天安門四五運動』的先聲」的「南京反標事件」〉一文；其也不過只寫一個退伍的小戰士（請注意，還是退伍了的）；且退伍小戰士貼的是小字報，而不是刷大標語。

眾所周知——「天安門四五運動」的先聲，就是「南京反標事件」。而「南京反標事件」的構成——其一，就是去火車站、往開往上海方向去的列車車身上刷標語、刷「打倒張春橋」的大標語，是要讓當時張春橋等的根據地、上海的人們，都能知道全國人民的心聲，以便能夠瓦解已經組織起來的工人武裝。

其二，則是有軍隊人員參與了刷出「打倒張春橋」的大標語。當時這被釋為表現出軍隊的態度，於震懾張春橋等具有巨大的作用。

在此後全國性的追查中，統計出的標語總共有五十三條；而來自軍隊的，總共只有三條；這三條標語，皆出自於我手。每一個字、甚至連在張春橋的名字上打叉，也出自我手。三條大標語的內容，亦不僅僅只有「打倒張春橋」五個字，至少有一條是「打倒大陰謀家、大野心家張春橋！」。

這些，在事後的專項追查中，生死攸關。於此，每一個中國人都懂；即便年輕人不懂，他們的父輩也不可能不懂。

當年，拎漿糊桶、拿掃帚把紅紙往牆上貼、端墨汁盆的和我共四位參與者，如今雖各奔東西，但都還健在；何況，這事基層有記錄、上級得到匯報、相關部門更有歸檔。

以上情況及影響力，亦非一已退伍的小戰士、一人貼張小字報、可比擬。許當年著書時，嚴家其先生及諸位，並不知道事件之全貌，亦或早悉數掌握所有，然只因不便公開、才選擇用一退伍小戰士及所貼小字報取而代之（這也很符合當年的做法）；亦或甚至連退伍小戰士也沒有，根本沒有提「先聲」，只是反映天安門廣場上的四五運動。

這些，也約為某些人，於2011年5月9日，刻意隱去維基百科的「顧曉軍」詞條的原因之一（因，其中有「22歲，刷出『打倒張春橋』的大標語，遂成為『天安門四五運動的先聲』的『南京反標事件』的始作俑者」）。

如今如何評價鄧小平，不由我等確定。然，當時迫切希望鄧小平復出、以抗衡張春橋等，則是不爭的歷史事實。

在歷史需要有人站出來時，我不顧個人安危站了出來。這難道不也是一種「拋頭顱，灑熱血」嗎？於此，我從未尋求回報，且多年來不僅沒有受益，反而屢受連累；而作為已儼如史書的《四五運動記實》，不該公正地補記上這一筆嗎？

雖，我亦深知《四五運動記實》一書不太可能重寫或改寫；然，作為該書的原作者、史筆之一的嚴家其先生，我真誠地希望您、能就我反映的情況，作信函調查與核實，並在您方便的時候、予以公布。

這，就是我要與嚴家其商榷的全部內容。

我也知道，嚴家其未必能看到本文，看到也未必肯改。然，歷史在於真實，而不在於怎麼寫。靠「寫」出來的歷史，終究會被後人更正，未必能千秋萬代佔領史書。

2023-2-17~3-6

04 「顧曉軍小說」之旅

——紀實‧四千八百八十五

一篇諷某鋼琴家的軟時評，又被誤解。恰如〈索羅斯抄襲顧曉軍的預言：俄羅斯將「瓦解」〉文後，網友周先生道，索羅斯看過你的文章嗎，我也有過這想法；而網友thesunlover道，「俞先生……書生氣十足，近乎迂。作者那是調侃」。

看不懂我的時評，又如何讀懂我的小說？有網友說，「顧曉軍小說」是寫給後人看的。我說，非也，只不過人們的腦子已被教化成了非黑即白、非對即錯……然，世界是多彩的，生活是繽紛的，人們的內心更是豐富的；人性，自然也是複雜的……這就是我的小說存在之理。

我是個晚熟的人。自然，「顧曉軍小說」之旅，也不過開啟於上世紀七十年代末；而與那時早已在私底下玩手抄本的仁兄們比，我也只有看的份。

雖起步晚，然亦知隱喻，在故事中塑造人物，從而表達創作意圖；且，一起步便步入了省市級文學期刊的殿堂。

許是天資不夠，許是積累太少；寫寫，我轉寫更易寫的詩。之後，再改寫散文詩，才算有成就。直到1985年夏末，在北戴河（避暑的首長與家屬走後）參加了總參與總政合辦的小說寫作班（先聽課，後自己寫），方如夢初醒（其實，我1979年也參加過一個總參寫作班；不過，那時太嫩，精力全用在了玩上）。

若按劉剛的說法，這就算特務；那，我便是回爐再造的特務。如此，自然厲害——我出手就是〈太陽地〉，寫美麗的大草地，寫稚氣的少年兵；連骯臟的沼澤，也被我寫得美麗而奇幻……再寫少年陷入沼澤後的掙扎，寫他一步步被吞噬……寫美的毀滅，從而反襯醜的反動。

成功了——《解放軍文藝》走眼，我給了江西省刊《星火》，刊出後，入選《小說選刊》1987年第一期。同年，又有〈凝重的綠色〉入選《小說選刊》1987年第九期。此後，《小說選刊》還發表了他人對〈太陽地〉的評論。上網後，一搜索，方知當年很多學報上的論文引用過這兩篇。另，〈太陽地〉還改編成上下集電視劇，央視黃金時段播出，獲1991年飛天獎。

那時走的路子，是淡化時代背景，寫美；即便人性的醜陋，也用極度的美去吊打，如〈月亮地〉、〈白色帆〉等。

本該猛進，然醜學闖入視野。研究之後，掉頭，試寫了幾篇；《解放軍文藝》選中兩篇，發排、定於1989年8月號打頭。這時，中國發生變故，兩篇發排小說皆撤下。

作罷，賺錢去。發了，又虧了。人生的反轉，比小說還快。

2005年春，上網，復出。在五首敘事詩試筆之後，寫出了〈瘋老太〉等數篇；到〈那一夜〉時，已可確認，找回了當年的感覺，且比過去更老道了。

果然，沒幾篇後，〈嘗試一夜情〉網紅。該篇，已不再僅是美了，還勾兌進了硬漢之風。許，這只是網紅的潛在因素；「一夜情」，且還「嘗試」，才是網紅的真正因果。沒人研究，只有勤奮的搬運工在到處轉發（似都不懂版權）；我在西陸網上的〈嘗試一夜情〉，竟遍布了新浪、搜狐、網易等各大門戶網站的幾乎所有的欄目。

此後的〈美麗拉拉情〉、〈遭遇婚外性〉……寫一篇，瘋一篇；連之前寫的〈少女之孕〉、〈愛上發廊女〉等，也都紅了。當時，沒想到直接出書賺一把；也不懂如何維權，那些訪問量都不在我的名下。但，真的享受到了網紅——其一，當時極少數的網紅名單中竟有我；其二，那時不管我寫啥都會有人轉了去。

網上習慣叫寫手，然，我清楚，自己還是作家。作家與寫手的區別，許就在於——我心裡明白：〈遭遇婚外性〉的小說結構很糟糕。

有了自知，就有了我那〈顧曉軍小說之篇目的自辯〉中提到、具有古拙感的〈亂倫〉，及〈扒灰〉、〈老烏龜〉等。這些，皆因「亂倫」、「扒灰」等字眼繼續網紅，但開始有人罵我；可，我懶得辯——這麼高級的小說，寫人性、寫愛，寫人性的掙扎、愛的掙扎……如此之作品，上哪去找？

那就寫現代題材。寫了個中篇，即〈少年美麗地死去〉。這篇小說，幾番有雜誌編輯索要，然，最終均未刊出。為何？2007年，我就寫了突發事件，且與日後現實中發生的極為相似。

到〈找只大熊貓操操〉時，我知，醜學已悄悄潛了回來，但、是以一種更高級的形式重現的。

這時期的作品，被誤解的有〈又被強奸了〉。其實「又被強奸了」是種「失敗者」的心理狀態，這麼高級的東西竟被骯臟的靈魂們曲解。如此，後來我在「打倒魯迅」中喊出「扛起中國文學大旗」，有何錯？

在這其中，我參加了「新浪第二屆中國博客大賽」，排名非常靠前。一日，一位新浪工作人員找我，說我有潛力，但真要拿第一得靠他推；跟我商量，我得名、他得利，即一萬元獎金歸他。我不幹，且向新浪告發了他。

如是，我名落孫山。但，新浪許記住了我，後來「網絡作家圈」任由我玩，或是種認錯。不對，在這之前，我有煽動「韓白之爭」，他們當早知道我。打住，這兩點、都該另寫文章。

此後的〈兵馬俑〉、〈隱密〉、〈爺們〉等，質量都不錯，也挺掙訪問量的（對了，那時我早已到處開博客；否則，拿啥煽動「韓白之爭」呢）；然，比起〈嘗試一夜情〉那會的網紅、火熱的程度，都是次一檔的。這也是被網友第十一只狼的「歪解篇」一激，我就「打倒魯迅」之緣故。「倒魯」，賺眼球呀！

反正，真正再次小說網紅、大火特火，已是〈一次赴日考察文化的色情見聞與經歷〉。小說上了剛開不久的鳳凰網首頁，且是在沒幾篇文章的滾動新聞中；不到兩小時，訪問量竟達到了二十六萬之多。

在小說中，「我」是男主，奉命赴日考察，經歷了歌舞伎、銀座之夜、混浴、女體盛，還不經意體驗了人妻……網友們全瘋了，有的妒我艷福不淺，有的樂我回來一下飛機就被抓。很多人，都把小說當成了真人真事。

此前此後的〈名花〉、〈小草〉等，也被帶紅了，不斷出現在新浪、網易等首頁上，連舊時的小說也被翻了出來。

這，正是我一邊寫小說，一邊「打倒魯迅」那會。換言之，我是雙線網紅——這邊，我的小說被搶著看；那邊，我一說魯迅就被罵。所以，有人說我碰瓷何清漣，我一萬個不服。2005、2006、2007……我小說網紅、「網絡作家圈」火、「打倒魯迅」火，再小說網紅……那時，何清漣在哪、網友中有幾個知道她？

之後，值得一提的，有〈我是中國遠征軍〉、〈很黃很暴力〉、〈陰毛筆〉、〈陪伴妃子的時光〉等。〈我是中國遠征軍〉，便是秋天楊在〈顧曉軍——當代中國最狂妄的人〉中說的「……全作從頭至尾，『』號到底，全是人物對話……這說明顧曉軍的狂妄之中還有膽大。這種小說亙古未有……」。該篇，從搜索中得知，多次被收入抗戰、遠征軍一類書籍；然既沒接到過通知，也沒稿酬。我不維權，因太認真往往得不償失。

〈很黃很暴力〉，是我前一百篇小說中、唯一一篇反轉小說。我的小說，以塑造人物見長，如〈瘋老太〉、〈兵馬俑〉、〈爺們〉、〈名花〉、〈小草〉等。

〈陰毛筆〉亦大火，且提前三年寫出收集陰毛之腐敗行徑。〈陪伴妃子的時光〉，寫被林立果選中的南京的張寧。

此後，我的小說更爐火純青，代表作有〈臭不要臉老畜牲〉、〈夜幕下的性交易〉、〈一個女人幾條漢〉、〈雪線上的女教師〉等。〈臭不要臉老畜牲〉，就是海外評論家丁小明在〈可憐，可悲，可恨，可恥〉中說的「這是一篇超過〈阿Q正傳〉的小說」，而我也在〈楊絳為何要詆毀張愛玲及其他〉中有詳解。

〈夜幕下的性交易〉，我則在〈顧曉軍小說之篇目的自辯〉中有過詳解。這幾篇，比那些中外名家名著之類，皆有過之而無不及。

如此耕耘了三年半後，我創作的小說已達到一百二十篇。一日，在街上偶遇過去玩過的老友，提到我在網上寫了一百多篇小說，他頗為震驚。我這才意識到，他年輕時也玩過文學；因而，他懂寫出一百多篇意味著啥。

再往後，雖還寫小說，但因「打倒魯迅」而參與時評越來越多，後又兼攻哲學、社會學、經濟學等；尤時評中，常拿小說這一形式鬧著玩。自然，玩也玩出了大量精品，如〈裸跳〉、〈縫肛〉、〈人肉餡餅〉、〈陰部整容〉、〈生命的盡頭〉、〈相信政府〉、〈錯愛〉、〈時間在倒著走〉、〈超人與豬〉、〈我和石頭女人的愛情故事〉等。

不知不覺，我的小說就又攢了二百篇，達三百二十多篇，與三位世界小說巨匠已差不太多了。

此時，亦是顧粉團朋友們、最喜歡我那些似是而非的小說之時，所以才會有自發的「兩個推薦」之舉，且歷時數年；而後，才有了《向諾貝爾和平獎、文學獎推薦顧曉軍》的出版。其中，又以石三生為最，僅文章標題就有——〈「相對論」般的思想 【紅樓夢】似的文字〉。

本以為，我的文學生涯幾近盡頭，不料因「喝茶」、不便寫其他體裁，如是，發狠擁抱長篇小說。誰料，蒼天竟不薄我——將近歲末才發的狠，春節前已有模有樣；春節，加大半個正月，居然把長篇小說《天上人間花魁之死》整了出來。修改一番後，請顧粉團幾位提意見，然，一致好評。如是，便出版，2019年8月上市；居然賣得還可以，且加印了幾次。

那再弄部長篇？不，我自知不是這塊料。那弄啥？不知道，糊裡糊塗廝混著。看看張愛玲的，只有〈色・戒〉結構尚可；突想起石三生提到過星新一，找來一看，大多簡單、隨意。由星新一想到歐・亨利，翻翻，好的也不多，便想到「玩殘歐・亨利」。

咋玩殘他呢？先發傻氣，把能找到的歐・亨利的作品全找來，一篇篇地看，一篇篇地寫簡評。其間，也寫自己的小說，但絕不模仿，而要求自己超越他。比如，歐・亨利多為一次反轉，我便玩多次反轉；再如，歐・亨利有〈麥琪的禮物〉、〈愛的犧牲〉為互為反轉，我則要玩得比他更巧、更自然、更真實。

其實，反轉小說是種模式，把自己思維改造下，對上路子、就不難了。很快，〈校園愛情〉出來了，〈美的想象〉出來了；接著，雙向互為反轉的〈愛的驚喜〉、〈愛的互換〉也出來了。更有把我過去的寫法與反轉揉合寫的〈仙人跳〉，亦躍然紙上；把人物關係刻意模糊的〈遺情乎〉，也驀然在腦海清晰……還有無限煽情的〈墓地上〉，亦一蹴而就。玩順了，一切就都順了。

除2019年8月，出版的長篇小說《天上人間花魁之死》外；2015年10月，我出版《顧曉軍小說【一】》；2016年7月，出版了《顧曉軍小說【二】》；2017年2月，出版了《顧曉軍小說【三】》；2021年1月，出版了《顧曉軍小說【四】》；2021年10月，出版了《顧曉軍小說【五】——玩殘歐・亨利》。還有，2019年1月出版了《顧曉軍談小說》。

此外，北大博士、雲大教師劉麗輝2017年11月出版的《顧曉軍及作品初探》，顧粉團2018年4月出版的《向諾貝爾和平獎、文學獎推薦顧曉軍》，石三生2019年3月出版的《世界欠顧曉軍一個諾獎》，皆各有半本以上篇幅，是評「顧曉軍小說」的。

如今，我的中短篇小說，已攢到四百零四篇，外加一部長篇。

這，就是我的「顧曉軍小說」之旅。「顧曉軍小說」之旅，幾十年一路跋山涉水而來；而這，應該也算是種長征——形象思維的、想象力的長征。

2023-3-13

05 「網絡作家圈」之奇遇

——紀實‧四千八百八十七

〈美女少將高小燕被誰睡了？〉火了（在各處），似又再被拿下。其實，素材來自360首頁和百度搜索，只有「……1989年我的少校軍銜和正營職，也是被人賣掉的」，是首次披露。

有人不懂〈大家對「我認識胡耀邦的兒子」感興趣〉中的「『考上了南京的一所大學』，則為回避、不肯說出軍校」，更不懂〈與嚴家其商榷：天安門四五運動的先聲〉中的「三條『打倒張春橋』的大標語，皆出自我手……被釋為表現出了軍隊的態度」；既然不懂，就讓他們永遠不懂吧。

反正，我懂即可。所以，「網絡作家圈」大火的時候，有學者易中天、影星陳寶國、網紅宋祖德、竹影青瞳等等，蜂擁加入進來，我能說；而喬良（空軍少將、《超限戰》作者）加入，當時我就不便說。

還有的，永遠不能說。

好，說「網絡作家圈」，那無比牛的歲月。

許，有人又要問，那時你不正小說網紅嗎？「網絡作家圈」火了，這又能算啥呢？不，這是兩碼事——小說網紅，是沖作品、作品內容去的；而「網絡作家圈」火，則是沖著我、沖著圈主我本人……這，可是一種很好的感覺啊！且，還是被眾多學者、影星、網紅等等簇擁著的一種感覺。

不是嗎？好，說網絡。網絡是個跑馬圈地的時代。當時，網絡上是先有論壇，可發文、可版聊，相當於小集體；而後，又有了博客，可發文、可跟帖，相當於個體戶。怎麼讓個體戶相互勾連起來呢？這就是「圈子」了，相當於合作社。

記得，最早玩「圈子」的是網易，然網易沒把這形式玩火。

那是個花樣百出的年代。這邊沒火，那邊已換了花樣。隨即，搜狐已開始引進明星，還給每位都做了個人版面。

新浪，顯得落伍了。然，許是有錢，許是有野心……反正，新浪不僅跟上、也開始引進明星，還引進了各行各業的名人；「圈子」，自然也沒落下。

不知新浪為何至今仍封殺我。然，我還是不得不說，新浪是最有心機的網絡經營者。在「圈子」上線之前，新浪博客上已有一種形式、一個組織，叫作「銳博客」。

「銳博客」是新浪允許的私營集體。專跑博客，見有名頭或有潛力的，就貼上「銳博客」之標簽；文章，可優先推薦到新浪首頁。

2006-7-5夜（據我2006-7-13之〈建圈一周大盤點〉推算。除小說，早期千余文皆散失，後收錄432篇成「顧曉軍言論」，其中幸有此篇），「銳博客」管理團隊挑燈夜戰（在他們的博客跟帖中見到），做著準備；這時，我意識到有事要發生。啥事？卻不知。

於是，我仔細觀察新浪的首頁。果然，2006-7-6晚，新浪「圈子」上線了。我在網易玩過，不過不是圈主；如是，我靈機一動，趕緊用「網絡作家圈」為圈名申請。不一會，就被批準了。我有「圈子」了，可上哪邀圈友呢？更何況，有多少人懂？從懂的入手，我遍邀十幾位已開了圈子的圈主。

嗨，還真有幾位加入。我挑了一既是作家又是畫家的女士，封為副圈主，請她做接待，自己則發瘋似地到博客上貼小廣告（因此前有煽動「韓白之爭」的經歷）。

一是有「網絡作家圈」的牌頭，二是許獎勵我的勤勤懇懇、日以繼夜……漸漸，終於看到了效果——「圈子」裡，從幾個人到十幾人、再到幾十人；而後，是破百人，再進一步上幾百……如今回想，我的優勢約在於：一、肯吃苦，肯跑博客貼小廣告；二、小廣告寫得誠摯，又說清了啥叫「圈子」；三、人家回訪時，我博客裡的東西能入眼。

許有人問：已小說網紅，吃這苦做甚？唉，人有夠的嗎？何況——一、我說過，當初我的小說在西陸，新浪等網上的都是別人搬來的，訪問量不在我的名下；相反，我玩新浪、搜狐等，還是跟過來的。二、當時我用的是網名，尚未透露過真名。三、我也沒有將過去的作品搬上網，沒意識到應該打通現實與網絡間的壁壘。

人多了，咋辦？封官呀！封官的第一層意義，是滿足心理需求；因很多網上混得好的人，現實中沒準是個失敗者。那咱就封他個官。網官不也是官？第二層，就是組建管理團隊。第三層，是通過管理團隊再去滾雪球。

「網絡作家圈」有數百人時，「銳博客」早一千多人了。然，「銳博客」犯了個錯。其一，他們還是老路子，對要求加入的人挑挑選選，沒看透玩「圈子」的本質是玩人多。其二，他們似要求管理團隊的人不私建圈子，這不扼殺人性嗎？

而我，則是開放派。不開放也不行，為何？其一，我早先拉的就是些圈主。難不成讓人家關了自己的圈，來給我當蝦兵蟹將？其二，如果人家偷偷建圈，咋？你還去查嗎？其三，玩圈講究的是大，那小圈裡的人、不早晚都是我的人？所以，我巴不得鼓勵大家自己建小圈。

誰說的，政策和策略就是啥的生命？一點不假，「銳博客」在兩三千人上下轉筋時，我的「網絡作家圈」已奔一萬、破一萬……新浪博客裡的人像瘋了樣，拼性拼命朝我的圈子裡鉆。

就在這時，易中天來了，陳寶國來了，喬良來了……宋祖德、竹影青瞳等也都來了。而這時，新浪的「圈子」擠得快崩潰了，後臺根本進不去。就在這時，那位寫〈顧曉軍——當代中國最狂妄的人〉的秋天楊也來了，說我不尊重他；那時，我連易中天等都尊重不過來，哪有能力尊重他？

那時，有意見的何止一兩個？我正背著罵名，管理團隊中有人玩小樣，私下跟陳寶國說這說那……不過我心大——陳寶國何等樣人？網友不過是想蹭明星的知名度。

如是，我一邊因勢利導，鼓勵管理團隊建自己的小圈子；另一邊，物色新人、籌建第二管理團隊。果不其然，二套班子還沒組建好，不知為何、陳寶國已與她鬧掰，我親眼見到陳寶國沖她發火的文字。

人呀，有時……她，大概忘了，人家是沖著我來的。反正，我一直挺忙。之前，有「批余秋雨」、煽動「韓白之爭」等；之後，有「打倒魯迅」、「揭露韓寒」……中間還得趕寫小說（雖早已小說網紅，可到2007年底，我才不過寫出了60多篇，這咋混嘛）。

小說，是我的立身之本。這我早看透、想透了。所以，等到「網絡作家圈」上到三萬人時，我就乾脆啥也不管了；等到上到五萬人時，我把管理團隊也給停掉了。為啥？怕出事。小糾紛，不怕；若有詐騙啥的，那咋辦？

此外，則是「粉絲網」新開了出來；人家，特邀我過去、幫忙撐撐場子。你說，我能不去嗎？

粉絲網，也好玩。明星，就是明星；那時，劉德華人氣最高，最多時有一千多萬粉絲。我最多時，只有一百多萬。不過，有意思的不是粉有多少，而是網站鼓勵互粉；如是，很多女明星成了我的粉絲。

粉絲網堅持了好幾年，最後關掉了。新浪的「圈子」，最終也下線了；下線之前我看過，有七萬二千六百多人。

不過沒等下線、關掉，我就有了「顧曉軍粉絲團」（簡稱「顧粉團」）。顧粉團，最多時有十幾個縱隊；每縱隊，有幾個千人群……算算也有好幾萬人。

太有魅力了，沒辦法。我知道，這麼說又要被人罵；可，你在我文章後面、篇篇都跟帖罵，這難道還不是我太有魅力？

這就是「網絡作家圈」，新浪就這麼由著我玩；許真如我所說，覺著欠我啥吧？而於「奇遇」，就不便說了；看過〈有人對「我認識胡耀邦的兒子」感興趣〉的，總該信吧？

對了，當時我的網名叫「江南依舊」，後半程才改叫「作家顧曉軍」的。

2023-3-15

06 這些年，我「打倒魯迅」的歷史

——紀實・四千八百八十三

又為《顧曉軍紀實》一書改定了幾篇文章，一高興，用調侃筆調寫了幾篇軟時評；誰料，都被小編看上，佔了某網四個重要位置中的三個。這樣不好，這絕對會得罪「原住民」。

忽，網友鐘馗再世的〈魯迅的「無知者無畏」和「無恥者無畏」3〉，被Google「顧曉軍」送入眼簾。粗略一看，有「顧曉軍說」、「顧曉軍又說」（甚喜，已很久不被人引用）；細看，又見到「時至今日，在顧曉軍先生《打倒魯迅》一書面市之後，就如向魯迅端坐的神壇底座貼上了『無恥者無畏』的標簽，魯迅跌落人間做一個平常人的歸宿，必然也就提前到來」。

正想著，是否該就勢寫《顧曉軍紀實》一書中的「打倒魯迅」部分，太太又盯上我抽煙。

抽煙，不好，某種意義上是吸毒、慢性自殺……沒錯；可，抽煙也是一些人的習慣，難改。這就如同一些政權的某些做法，比如希特勒的某些做法……你告訴他、那是自殺，有用嗎？沒用，即便是自殺，他也會繼續做。你說希特勒蠢嗎？未必，繼續自殺、是本性使然。

這才發現，魯迅也酷似香煙（像極了），某種意義上的毒品。抽上了，會上癮；想戒掉他，很難很難，太難了。

介紹我的「打倒魯迅」之路。我之「打倒魯迅」，始於2007年9月15日夜。

那時，我的短篇小說早已網紅。正興致勃勃，三五天就能又新寫一篇，不斷發往新浪、搜狐、網易等論壇；如此，便惹得「原住民」們嫉恨。2007年9月15日夜，網友第十一只狼終於再也忍不住了，在搜狐論壇隱私版發表〈【顧曉軍】隱私ID故事歪解篇〉，文章以大量篇幅恭維我一番後，筆鋒一轉，說我像孔乙己，還說「顧先生總是否認他的文風受到什麼人的影響，但是我想顧先生是受魯迅先生影響最深的人，首先文人的尖刻體現在字裡行間，第二顧先生的生活有孔乙己的影子……第三顧先生的精神世界頗似阿Q」。

因我早已網紅，第十一只狼的「歪解篇」大火。反對的人，有之；但，起哄的人更多。為何？嫉妒之心人皆有之呀！何況，那孔乙己、阿Q的現象，多醜陋、多熟悉；一類比，跟耍猴一般，多好玩？

網友們有權批評、開心，我很無奈；然，我不也有權糟蹋魯迅？糟蹋你們的偶像、恩師……不也很好玩嗎？

如是，我開始了逆向思維。不曾想，魯迅太不經打；我隨隨便便，就寫出了〈魯迅先生的錯誤〉、〈民眾是供我們愛的，而不是供我們去罵的〉、〈魯迅先生私塾式教化民眾法可以休矣〉及〈【孔乙己】之三大敗筆〉等。

挺魯的人無窮無盡，網友們都瘋了——有人問〈作家顧曉軍，你睡醒了嗎〉，有人求〈顧大師們，請留點偶們的信仰吧〉，有人喊〈打倒顧曉軍〉，有人誓師〈力保我們的恩師魯迅先生〉，有人反諷〈偉大的作家顧曉軍萬歲〉，更多的人說、辯、批——〈作家顧曉軍，我發現你在手淫〉、〈顧曉軍是自慰癖還是強迫癥〉、〈忍無可忍，寫給我的嘔像顧曉軍〉、〈狂妄的世界狂妄的人——不得不談的顧曉軍之流〉、〈顧曉軍——當代中國最狂妄的人〉……而這些文章的作者中，有的是網友，有的是紙媒主筆，更有的是名家。

挺顧的人也有，但不是很多；可，我有戰鬥力、沖擊力呀！我全都似連珠炮，如〈魯迅，與春藥〉、〈魯迅，與瀉藥〉、〈魯迅，與狗皮膏藥〉、〈魯迅，與強奸〉、〈魯迅是個三兒〉……再如，〈魯迅與秦檜沒有什麼區別〉、〈魯迅與汪精衛沒有什麼區別〉、〈魯迅與妓女沒有什麼區別〉、〈魯迅與垃圾沒有什麼區別〉……倒魯挺顧的人們，被振奮了。

當然，網絡也被撕裂了。許是太火了，2007年10月23日，

TOM網對我進行了專訪；2007年10月25日，中新網（中央外宣新聞網）也對我進行了「群訪」（雖說是「群訪」，其實理解成——主持人領著一眾網友、對我進行了一番「圍攻」，也可以）。

顯然，「打倒魯迅」已向縱深發展，我這寫小說的，也不得不做起了學問。如是，便有了〈顧曉軍批註【魯迅年譜】〉、〈魯迅沒有參加過「五四運動」〉、〈魯迅沒有參加過「五四運動」（之二）〉、〈與蔡元培相關的認識之勘誤（三則）〉、〈什麼叫思想？〉、〈為正本清源 必需打倒魯迅〉等等。

至此，當已不再僅僅是網絡被撕裂了，而是觸動了中國社會的某根神經；彼時，有網友通過搜索系統統計過，最多時、網絡上飄揚著上萬篇「挺魯」「倒顧」的文章。

恰這時，我犯了致命錯誤——想用當時的「和諧理論」「打倒魯迅」，如是就有了「建設好和諧文化，就必須打倒魯迅」一文。沒料，遭群起而攻之，有〈和諧文化必須要打倒魯迅嗎〉、〈為什麼要打倒魯迅才和諧？〉、〈敢於打倒魯迅之顧曉軍之怪異思維〉、〈顧曉軍反魯迅的言論是睜著眼睛說瞎話〉、〈網友稱「作家顧曉軍」應被1510部落封殺〉等等。

而其中最重磅的，是2008-1-23《人民日報》發表的沈仰佑的〈不打倒魯迅，文化就不和諧？〉（我記得，被《人民日報》點名批判的文化人並不多，只有俞平伯等個別）。此後，對我的批判全方位展開了。

當見到網友無為在文章中說「顧曉軍？何許人？不知道……早上聽收音機時聽到主持人說他好像在提倡要建設好和諧文化，就必須打倒魯迅」時，我這才知道：對我的批判，已不僅僅是網絡、報紙、雜誌，而走向了廣播、電視等更立體、更廣泛的時空。

這階段（其實這階段中亦分若干階段），「打倒魯迅」主要分以下幾個方面。

一、對魯迅的「思想家」頭銜的質疑。我以為，是社會、尤其毛澤東亂發「思想家」帽子；而魯迅，根本不夠格。這分兩層：第一，思想家不是文章犀利，就可稱思想家。思想家，必須形成自己的思想體系，尤其是當有自己的哲學系統；而魯迅，沒有自己的成套思想。第二，魯迅的思想或左或右（不是調侃）：左的，有如「不在沈默中暴發，就在沈默中滅亡」、「橫眉冷對千夫指，俯首甘為孺子牛」等等；右的，有如「改造國民劣根性」、「哀其不幸，怒其不爭」等等。這樣個精神猶如分裂的人，咋能稱思想家呢？

二、我以為，於歷史、歷史人物，當實事求是。在中國，從上到下，為自己目的，甚至為評定職稱等，歪曲、扭曲歷史已到了無以復加的地步。如，專吃魯迅飯的錢理群，居然寫〈「五四」新文化運動中的魯迅〉，編造出「魯迅給五四新文化運動提供了特定價值的思想」。啥特定、咋提供？我的〈魯迅沒有參加過「五四運動」（之二）〉用史料證明，五四當天，魯迅在家裡，哪都沒去。新文化運動，1915~1923。1918，魯迅剽竊果戈里的〈狂人日記〉投稿被錄用，而「救救孩子」有啥思想？1919，〈隨感錄四十〉被錄用，說他近四十歲了，不懂愛情；〈我們現在怎樣做父親〉被錄用，不過是講父權。就這三篇，哪來啥「特定價值的思想」？1921年秋，魯迅才兼北大、北高師講師，才接近《新青年》；而新文化已近尾聲，陳獨秀都忙建黨去了，魯迅能做啥、又做了啥？

還有，說魯迅被國民黨當局追殺，則純屬虛構。當年國民黨特務機構的能力不在美國中情局之下，真想殺手無縛雞之力的文化人魯迅，殺一千回不也能辦到？而我也確在網上見到、小說不像小說、交代材料不像交代材料的〈我四次追殺魯迅〉。文章發表於2002年，說他1911年首次奉命追殺魯迅（1911是大清、辛亥革命，1912才是民國元年）。且魯迅1911年剛回國兩年，在紹興師範學校當教員，誰要殺他？再，如果算作者18歲追殺魯迅，到發表文時已109歲。關鍵這作者2008年（若真活著已115歲），居然還在撰文贊美奧運會。中國的歷史，在魯迅的身上、就這般如同兒戲。

三、我質疑魯迅的立場。對民眾，魯迅有「哀其不幸，怒其不爭」、「改造國民劣根性」等，有醜化中國農民的〈阿Q正傳〉、有醜化中國市民的〈藥〉、有醜化中國婦女的〈祝福〉、有醜化中國讀書人的〈孔乙己〉等。而在抗戰前夜，他對待日本人的態度卻是「像這一般青年被殺，大家大為不平，以為日人太殘酷。其實全是因為脾氣不同的緣故，日人太認真，而中國人卻太不認真」。就算魯迅的「認真」「不認真」之說成立，中國青年「不認真」就該被殺嗎？不用再說，魯迅的立場不是一般的反動。

諸如此類實在太多，不容本文細說。這三年，我就在一邊寫小說、一邊「打倒魯迅」中度過。

2010-9-20，山寺仙妖站了出來，一篇〈還魯迅以真面目，顧曉軍是民族英雄〉，出現在博客中國的被推薦位置上，且立即網紅（此間，不是沒有人挺我，而是沒有這樣的力度；挺我的人，一直都大有人在）。小妖的文章洋洋灑灑，6000多字；這裡，我只用其小標題說明之——「一、兩個魯迅——形象魯迅與真實魯迅的區別」、「二、魯迅與毛澤東——形象魯迅被樹起的過程」、「三、魯迅與顧曉軍——真實魯迅浮出水面」、「四、顧曉軍倒魯是對子孫的貢獻」、「五、官方對魯迅的『先逐後挺』，貓膩十足」。「先逐」，指先從教科書中漸年驅逐魯迅的文章，自然也就容我「打倒魯迅」；而「後挺」，則指原先的做法又變了，來了個大反轉，我的日子就難過了。

再難也得過。2015年，終於想到把「打倒魯迅」中的文章精選，結集出版《打倒魯迅》一書。因習慣在顧粉團公開，還愛在文章中得瑟；某些人得知後，立馬組織楊恒均、曹長青等撰文，阻擊我；不久，曹長青的〈魯迅是打不倒的巨人〉出來了（我說「打倒魯迅」，曹則說「是打不倒的巨人」，這不就是針對著我組織來的），楊恒均的〈魯迅與胡適，缺一不可〉也出來了。我以〈有什麼是打不倒的？〉、〈曹長青反證了魯迅的無能〉等反擊，且加快出版《打倒魯迅》一書，讓書盡早走進書店、圖書館。

《打倒魯迅》出版後，北大博士貞雲子讀了《打倒魯迅》一書，寫下〈誰才是「民族魂」——讀顧曉軍【打倒魯迅】〉一文。

這，也正是網友鐘馗再世寫〈魯迅的「無知者無畏」和「無恥者無畏」3〉所參考的文章。

再後來，則是我完成了《顧曉軍小說【五】——玩殘歐・亨利》之後，在知乎（就是因「顧曉軍俄烏大戰」被「永久禁言」的那裡）上，與挺魯和倒魯的網友們糾纏、寫了些文章。這類主要分兩方面：一是揭露魯迅的剽竊，如魯迅的〈狂人日記〉是剽竊俄國作家果戈里的同名小說，再如魯迅的《中國小說史略》是部分剽竊日本學者鹽谷溫的《支那文學概論講話》，還如魯迅的《故事新編》第五篇〈鑄劍〉是剽竊中國古代名著、誌怪小說的鼻祖《搜神記》之卷十一〈三王墓〉，即「干將莫邪」。二是揭露魯迅的人品，如魯迅曾偷看弟媳洗澡，再如魯迅曾狎妓，還如魯迅更是黃段子的鼻祖等。

反正，魯迅真不是啥好人。至於我的「打倒魯迅」之作用，自己說不太好；但，至少李承鵬文章裡提到魯迅時已不再像過去那樣。

最後，就是我2022-12-29~2023-1-1寫的〈顧曉軍談魯迅（講演稿）〉。這，是我試圖為自己的「打倒魯迅」作總結。

值得一提的，還有顧粉團的勞力在2013年的酷暑中，搶救性地收集到近千篇「打倒魯迅」中的〈打倒顧曉軍〉一類的文章，並編成兩本電子書，還寫了代序〈顧曉軍——重新選擇批判對象的魯迅〉。還有，民間學者盧德素的《顧曉軍主義之淺探》一書中的〈從「打倒魯迅」開始〉一文等。

其實，何止〈顧曉軍談魯迅（講演稿）〉是對我「打倒魯迅」的總結；本篇雖為《顧曉軍紀實》而寫，然，不也是對我「打倒魯迅」的總結？

鐘馗再世的〈魯迅的「無知者無畏」和「無恥者無畏」3〉中有「如果老百姓愚昧，責任在知識份子、是你們啟蒙不夠」，取自貞雲子的〈誰才是「民族魂」——讀顧曉軍【打倒魯迅】〉；而貞雲子的出處，自是我的《打倒魯迅》一書。然，多年後，我又精進了

——如今，我以為，知識份子、精英們，該做的是啟蒙自己，而不是啟蒙百姓。包括「打倒魯迅」，我也不會再勉強他人。

魯迅，宛如一支煙，某種意義上的毒品。吸過的人，都會上癮；我自己尚且不能戒煙，又何必強求他人戒掉魯迅？

2023-3-10

07 「狂挺鄧玉嬌」之壯舉

——紀實・四千八百九十

看過〈這些年，我「打倒魯迅」的歷史〉的朋友，許要問「打倒魯迅」第一波之後，你幹啥去了？答，寫時評去了。寫時評，我寫過不少很有名的，然，也寫過「愚評」（那時就有「愚評」一說了，是我創造的）。那麼，寫時評之後呢？我「狂挺鄧玉嬌」去了——

我最早挺鄧玉嬌，是2009-5-15，發出〈「特殊服務」究竟是什麼服務〉之質問。此後，有調侃〈聽說婦聯做了二奶，我也想賣身〉，有呼籲〈請名人們出來為鄧玉嬌說句話〉，有敦促〈巴東當局，趕緊出來「自首」吧！〉等等；還有名篇〈中國名人討論鄧玉嬌〉，當時被國內外網站廣為轉發，現在仍然能夠Google到，只是打不開。

2009-5-22～23，尚在病中，我發表了〈強烈要求替下鄧玉嬌，坐牢、打靶都認了〉。其後，不斷撰文狂挺鄧玉嬌。2009-6-8，我又發表〈我以死進諫，我深愛的中國！〉。

2009-6-5，有〈謝絕「紅客」光顧作家顧曉軍民間私人電腦〉。

2009-6-20，發〈誰敢讓鄧玉嬌人間蒸發〉；2009-6-21，發〈為鄧玉嬌重出江湖、繼續戰鬥！〉。2009-6-22，受凱迪網友之邀，發〈請纓擔任「鄧玉嬌事件」總協調人〉。2009-6-24，發〈協調對「鄧玉嬌事件」的幾點認識〉等。

2009-7-11，發〈把鄧玉嬌培養成中國著名作家〉；2009-7-16，解釋〈我為什麼要把鄧玉嬌培養成中國著名作家〉。

培養鄧玉嬌旋即成熱點。2009-7-18的〈網友議論：鄧玉嬌能否當作家〉收有——天中酒徒：「鄧玉嬌其實有寫作的天分，在玉嬌案如火如荼的日子裡，我看過她在個人空間裡的文字：細膩而不乏思想，敏感而不失境界。所欠者，錘煉而已。」

東方佳木：「鄧玉嬌曾寫出『我們這個國家最大的不幸就是總有一些被她養的腸肥膘滿錦衣沃食的人反過來咬她一口；我們這個國家最大的幸運就是總有一些被她傷的最深最痛的人總是那麼無原則的摯愛著她，守護著她！雖百折而不悔！』這確實不簡單……中國名作家顧曉軍認為有這樣深刻的文字，說明鄧玉嬌自身具有成為中國著名作家的潛質，打算培養鄧玉嬌成為作家……不管鄧玉嬌能否成為著名作家，我堅決相信有像顧曉軍和鄧玉嬌這樣的人……是中華民族之大幸！」

新浪網友：「支持顧大俠，有正義……俄羅斯的姑娘和媳婦們都曾經說……可不管怎麼說那是對權力的崇拜，我說中國的姑娘要嫁就應該嫁象顧大俠這樣正義的俠肝儀膽的人，真為中國有這樣的大俠感到高興，支持，讓巴東的那些混蛋無處遁形，讓荊楚網上的那群不良文人無地自容」。

新浪網友：「老顧，我們P民會挺你的！因為P民心裡還有良知！」、新浪網友：「知名作家，中國的良心，中國的棟梁！」、新浪網友：「支持顧先生，說得入情入理！謝謝！真是一位古道熱腸的先生！」、新浪網友：「顧曉軍是一個勇敢的人，正義的人，有良知的人，也是一有文化的人，人民喜歡的人，敵人害怕的人，敢於為小老百姓請命的人，中國需要這樣的人，小老百姓喜歡這樣的人。加油，你的背後站著的是真正的人民——無權無勢無地位無話語權的人民。」、新浪網友：「……支持、支持、支持，我們和您在一起，你是我們的左羅。」、新浪網友：「顧老師好！為我們珍重自己！」、海外女沈陽：「欽佩您的大無畏精神！很少看到這樣執著、仗義、敢於為普通老百姓吶喊、抗爭的作家。持續關注鄧玉嬌的命運，即下層民眾的命運，也是中國的命運。」

女俠玉嬌：「樓主創意很好，有培養的可能性。」、新浪網友：「支持顧老，我知道顧老的博客才一個月，但我一見鍾情，顧老是個好人……上網就是為了長智慧，不是為了被騙。讀著這些用心寫出的文章，不禁淚如雨下，人世啊為什麼這麼難」、好醫生：「『欽佩您的大無畏精神！很少看到這樣執著、仗義、敢於為普通老百姓吶喊、抗爭的作家。持續關注……』，永遠欣賞和支持最有良心的作家顧曉軍！」、新浪網友：「支持顧大俠！」、匿名網友：「顧老師果然牛碧！不服不行！」、匿名網友：「顧曉軍就是英雄，好漢！」。

2009-7-25，因情勢而發布〈營救鄧玉嬌 不要被自由 百萬網友簽名活動〉；2009-7-26，再發布〈前進！百萬網友，去解放巴東！〉。

2009-7-23，報道〈鄧玉嬌之後網絡熱點：「網友被拘」〉。2009-7-27，發〈顧曉軍絕命辭〉——我非不想活，而是既為鄧玉嬌出頭，就得做死的準備。

到了2009-8-4，就只能〈守望鄧玉嬌〉了。

2009-8-6，發〈有人要送我顧曉軍兩顆手雷〉。2009-8-10，發〈狗特務，滾！滾遠些，別不要臉！〉；2009-8-11，又發〈請求換一個特務監控我〉；2009-8-11，再發〈顧曉軍遭遇特務門〉。2009-8-13，則發〈顧曉軍遭遇特務門：再爆新料〉。

然，說句公道話，借「打倒魯迅」之余威，我在幾十個網站「狂挺鄧玉嬌」，雖最終只剩六處，然，較其他網友，我似被網開一面的；否則，就不會有「英雄」、「顧大俠」等等之類了。

在歷時三個多月的「鄧玉嬌事件」中，我共撰寫文章200余篇；其後，編輯成一部《狂挺鄧玉嬌（電子書）》，書中收錄文章共160篇，計152866字。

然，相較於屠夫，我又是不幸的——事件後，《廣州日報》報道了屠夫坐飛機維權。如今的維基百科「鄧玉嬌事件」詞條，也只有屠夫，沒有我，也沒提浦志強、朱明勇、劉曉原諸律師。然，若不是形成網絡輿情（這詞也是那時始出現）、網友們抗爭，鄧玉嬌早被判刑，甚至是死刑，不可能無罪釋放；所謂坐飛機維權，也就沒了根基。相反，報道坐飛機維權，當是別有用心、將人們引向歧路；因早先《廣州日報》曾報道、說屠夫騙捐（指坐飛機維權的錢來自眾網友的捐款，而屠夫賬目不清。這類似於在美國被捕的郭文貴）。

在「狂挺鄧玉嬌」之後，我參與的維權，還有嚴曉玲案、通鋼工人事件等等。我的〈強烈抗議建龍集團向媒體施壓、要求刪除我的社會評論〉一文中還有記錄，「剛剛（12:20）接到媒體打來的電話，建龍集團已經向他們施壓，要求刪除我僅發表了兩小時的文章〈陳國軍之死 為猖狂付出的代價〉」等。

光陰似箭。一晃，十幾年就過去了。往事，真的——如煙、似夢……那麼，「狂挺鄧玉嬌」又給我留下了什麼呢？許是認知、認識吧。

第一、維權的代價太大，得不償失。維權無非是打官司或上訪兩條路。打官司，費錢、費精力。費錢，不必說，即使沒遇上「吃完原告吃被告」的律師和法官等，也費錢。費精力，更不用說，除非覺得你那官司沒啥大不了，可、沒啥大不了、還打那官司做甚？而如覺得重要，腦子裡就整天裝著官司，那就啥也別幹了……這日子還有滋味嗎？

而上訪，更是條不歸路。上訪訪成流民的，不在少數吧？所以，我以為，只有在生活中小心謹慎，不出錯，才是正道。而如果出錯了呢？那就放棄。我自己就有不少可以維權的，但、我選擇放棄。我不想打官司、被人牽著鼻子走，更不想上訪、成喪家之犬，而選擇做人，哪怕是矮人一頭的人，那也是人。

前天寫了篇〈美國FBI未必是郭文貴的對手〉，一假洋鬼子在文後跟帖「u can u up」，我回「看得懂嗎」，他再問「Can u?」，我就不理他了。其一，他肯定沒看懂。因郭文貴看到該文，也一定跳腳。其二，你煽動容易，可誰聽了你的、而真動，可就得去拼性拼命了。不豁出去，咋可能有好結果？而豁出去，也未必有好結果。這，就是維權，維權的結果與代價。

第二、維權是有圈子的。那時，還沒注意到海外支持的厚此薄彼，但、至少已看到了大陸自由派或曰南方報系及其相追隨的媒體、他們眼裡的輕重。比如，同為挺鄧玉嬌，在網絡上，我的名氣與作用肯定比此前名不見經傳的超級低俗屠夫大，且影響也大。

屠夫，只在凱迪網的一個版發帖。而我藉「打倒魯迅」之余威，在幾十個網站「狂挺鄧玉嬌」，雖最終僅存六處，然，追隨我的網友至少也有百萬。而凱迪，能容下小幾十萬嗎？流氓燕一脫，天涯就崩潰了；那才多少，不到30萬。且，我後來也親歷過，即「爆料王立軍」，博聯社就被湧上我博客的網友們擠得一度崩潰。

當然，他們可解釋為，你名氣再大、作用再大，沒離開網絡；而屠夫坐飛機維權，打通了網絡與現實間的壁壘，這是你不具備的看點。

那就隨他們說了。而我以為，其一，維權的圈子，確實存在；連屠夫被抓、被判，某種程度上也是因為圈子。其二，厚此薄彼與某些人眼裡的輕重不同，也確實存在。如此，我又何必非得厚著臉皮去蹭、熱臉貼冷屁股？

「狂挺鄧玉嬌」之壯舉，畢竟早已成為了過去；啥「英雄」、「顧大俠」等等，亦皆為過眼煙雲。而因「狂挺鄧玉嬌」等，讓我看透一些事、想通一些理，這才是我人生的真正收獲。

2023-3-18

08 「揭露韓寒」之纏鬥

——紀實・四千八百九十二

別人揭露韓寒從〈杯中窺人〉純屬作弊開始，而我則從「韓白之爭」開始；因，「韓白之爭」是我煽動起來的，我才是網絡炒作韓寒的最早的推手。

煽動「韓白之爭」被恩將仇報

「韓白之爭」，形成於2006年3月。當時的文學評論家、出版商白燁在博客發文，說「『80後』這批寫手實際上不能看作真正的作家」，「『80後』作者和他們的作品，進入了市場，尚未進入文壇」。此話，激怒了韓寒；如是，3月2日，韓寒發表〈文壇是個屁 誰都別裝逼〉。

此時，「韓白之爭」處於韓寒的粉絲不斷湧上白燁的新浪博客、反復跟帖辱罵；而白燁，則以舊文人的高姿態避戰、關了博客走人……如果就這樣結束「韓白之爭」，不過是——一群小流氓耍流氓、圍攻，而後贏了。

我以為，「韓白之爭」是白燁以資歷打壓年輕人，本該來一場大討論，讓白燁知道自己輸在理上，以松動老腦筋而結束；而不是靠韓粉們以耍流氓的手段，來贏得這場網絡上的爭端。

如是，我於2006年3月6日晚，趕寫出了〈韓寒，已向文學血統論開炮〉，並找了一位網易的朋友（他與網易管理層、評論組熟悉），建議他組織一組文章，重磅推出。

他聽進去了，與網易商量後，自己寫了一篇，另邀人寫了一篇，如是，3月7日上午八點整，網易新聞熱點隆重推出了這組三篇文章。

當時的新浪、搜狐、網易等相互攀比，然又都不擁有成熟的新聞評論人才；見網易把網絡事件整成熱點新聞後，各網站這才在各自的博客裡找適合的文章、推上各自的首頁。如是，真正意義上的「韓白之爭」開始了。

此外，當我跟朋友說後，並不知道他與網易已商量妥了；因此，我一個人在做另一件事——跑博客，貼小廣告。

我整夜未眠，如今仍記得——新浪，跑了6000多個；搜狐，跑了3000多個；網易，跑了1000多個……此外，還有天涯等等，總計跑了一萬個以上。多年後，我在倡導勤勉時，還把當年貼在柯雲路博客上的文字，截圖給顧粉團朋友們看過。

當時，有位新浪推薦的後生，在文中談到此事時，就說「顧曉軍以為我好事……」等，他沒能明白，我這是在給他送網絡熱點。

當然，這僅是開始。白燁們的落後勢力很強大，文章也漸漸出來，說韓寒不知好歹的有之，誇白燁是中國文學勤勤懇懇的保姆的亦有之。如是，我又撰寫〈究竟誰是中國文學的保姆？〉參戰，將報人解璽璋的文章懟回去。

落後勢力就是落後，思想陳舊也就是陳舊。白燁們打不過，就抓住韓粉們的辱罵不放。如是，我又去韓寒博客上收集那「前輩」們的汙言穢語，舉證〈粗口，不是韓寒的「專利」〉。

這就是我所說的——「韓白之爭」，是我煽動起來的；因為，白燁說幾句話，韓寒回篇文章，再加韓粉們去辱罵，白燁關博客走人……這不叫「韓白之爭」。「韓白之爭」，當是作家、寫手們不斷地加入雙方的陣營，寫文章辯論、筆戰。

我沒說錯吧？「韓白之爭」，有我2009-8-31的〈我是韓寒最早的網絡推手〉，有民間學者盧德素2019-9-1的〈顧曉軍是韓寒網絡上最早的推手〉（見《顧曉軍主義之淺探》一書，2020年10月出版）為證。

無疑，我是「韓白之爭」的締造者；同時，也是韓寒最早的網絡推手——雖韓寒的書在現實中賣得是不錯，這不假；然，書賣得再好，沒有成為網上的議論中心，就不是網絡熱點。相反，網上很多人都討厭韓粉罵人。

是不是這樣？是我、是我寫文章、是我策劃組稿、我跑博客煽動、我把握著「韓白之爭」的走向與趨勢……這樣，「韓白之爭」最終才成為了網絡熱點、議論中心，難道我說的不對？

然而，我的這個自然而然的認知，卻得不到韓寒和韓寒背後的老板路金波的認同。或許，他們認為，我這樣說、會影響他們的商業利益。其實，我不過是實事求是。

這下不得了啦，韓寒到我新浪博客上，罵「幹顧曉軍母親的逼」。而後又乾脆註冊「幹顧曉軍母親的逼」的小號，天天來跟帖「我兒子小顧這幾天瘋了，都不來幹我，我养」、「我的洞好癢啊，你們快來幹我，快，不行了」、「讓大家一起進你母親洞裡群P呢」等汙言穢語。

韓寒大約以為我如白燁，會禁不住辱罵、關博客走人。然，他想錯了，我經歷過「天安門四五運動的先聲」，上網後也經歷了「小說網紅」、「『網絡作家圈』大火」、「打倒魯迅」等，咋會在乎這天天跟屁蟲般的辱罵呢？

我不動聲色，悄悄收集著韓寒的辱罵，做成一篇〈批鬥反韓寒分子顧曉軍大會實況轉播〉的帖子，到處去轉發。

許有人會說，沒準罵臟話的人，不是韓寒本人、而是韓粉。如真這樣想，既太看高了韓寒、也太看低我了。因，那時，我已與韓寒纏鬥了三年，咋能分不清誰是誰？

2009-10-8，我發〈給韓寒、新浪、路金波及網友的公開信〉一文，路金波（韓寒的老板、韓寒的書的出版人與出資人）隨韓寒一起來我的博客上跟帖「一戰結束／二戰準備／雜誌一出／文壇哭輸／……純屬娛樂」（收錄在我2009-10-16的〈路金波，洗洗睡吧〉一文之中）。

他啥意思？他是說，網上盛傳的、韓寒編的《獨唱團》將出版。氣我來著。

因襲擾《獨唱團》被威脅「喝茶」

於韓寒的恩將仇報，我無言以對。而於路金波送來的信息，我如果再不利用，咋對得起人家？

如是，我便刊出了——網絡版《獨唱團》。

2009-11-5，我在網絡上、博客裡公開發布〈【獨唱團】發刊辭〉，我說「親愛的讀者們：大家好！/我是韓寒的爺爺。當然，不是親爺爺，而是輩份上的爺爺……受韓寒的委托，我給大家寫《獨唱團》發刊辭。當然，不是韓寒的親口委托或書面委托，而是感覺上的委托……」

可笑的，是真有人信。不信，Google「顧曉軍」，而後點開「圖書」頁，即可見《閑言碎語薈萃》第475頁，「評《獨唱團》發刊辭 韓寒主編的刊物《獨唱團》，由顧曉軍寫『發刊辭』。這真是史無前例的發刊詞……」

然，我的博客，也因此被新浪封殺（見2009-11-5〈韓寒參與「封殺顧曉軍新浪博客事件」〉）。

我不過調侃了一下，寫了個發刊辭；再說，「獨唱團」有註冊嗎、是專利嗎？何況「獨唱團」是抄襲，這是後話。

既然可以不講理，那咱們就把事情搞搞大，找個地方說理。如是，我於2009-11-6正式出版〈【獨唱團】（電子版）創刊號（目錄）〉。

可韓寒的後臺硬，居然跟到我搜狐博客，道「顧曉軍，你的新浪博客是我下令封殺的，如果在這裡你還膽敢釁事，我將再下令封殺，一直到你規規矩矩。密切監視著你！」、「老顧，我會一直關注你，我要見證你變成瘋子的過程」、「老顧，我仍在關注你，知道你現在已處於『半瘋』狀態，我要見證你變成『全瘋』的過程」。可我覺得，我沒瘋，倒是他先瘋了。

韓寒及其背後的勢力，也太小看人了。2009年11月，不僅是我「打倒魯迅」之後，還是我「狂挺鄧玉嬌」之後；我沒大錯，你能把我怎樣？何況還有無數網友支持我。

那時，網友已知我「天安門四五運動的先聲」、「打倒魯迅」、「狂挺鄧玉嬌」等，一邊在網上給我建「顧曉軍紀念館」（迄今仍能Google到），一邊跟帖「聲援顧曉軍！有種的某官，敢公開你的職務嗎？敢公開你的名字嗎？」、「別躲在黑暗處幹齷齪事。有本事就和顧先生打一場『文化擂臺』。這樣還可以提高知名度。封殺算什麼本事」、「顧老師，別和這種『垃圾』較勁！玷汙你的顧曉軍主義。廣大網友支持你！不懈地為顧曉軍主義戰鬥！」、「顧作家病中仍寫文章，憂國憂民，為正社會之風而呼，令人十分欽佩敬重。敬請注意身體」等。

然而，事態在繼續發展著。2009-11-10，我被威脅「刪，封，請」。2009-11-26的夜裡，01:25，我的博客被留言「顧曉軍，明天下午2點之前請不要離開家，我們要登門拜訪，跟你這個大作家談談心」。

恰巧，這時我發現了「獨唱團」的來歷；於是，發表〈【獨唱團】的真實來歷〉（2009-11-26～27），告訴大家「獨唱團」源於澳大利亞昆士蘭南方十字獨唱團，網上有2007-11-27的報道——〈澳大利亞獨唱團與我院師生南校同臺演出〉（指廣東外語外貿大學藝術學院）。這下，還有啥說？

百度說「《獨唱團》是韓寒兩本雜誌」，不對！「獨唱團」不是韓寒首創的詞，因而誰都可以用。

隨即，我又發表〈中國有風險 投胎需謹慎〉，正告「磨快兩把菜刀，打電話給110備案」；結果，他們沒敢來。

「韓寒，可以辦雜誌；我顧曉軍，就也可以辦雜誌」。此後，我抓住這個道理、不斷地寫文章。如此，《獨唱團》被我逼停了——使其延期了將近一年，才遲遲出版；而且，只出了一期，便草草收場。

韓寒們栽了——文化與市場的雙軌製，就這樣被他們小看的我成功地阻擊。

頑劣韓寒與炒作及《時代》周刊

本文第一部分，講我煽動「韓白之爭」、是我率先在網絡上炒作韓寒，實際上講韓寒和他們的恩將仇報；第二部分，講我如何襲擾《獨唱團》，實際上是講韓寒的背後——老板與身份不明的人。這第三部分，我就從頑劣韓寒及韓粉說起。

韓寒的粉絲，都是些什麼樣的人呢？絕對無聊的人。無聊到怎樣的程度呢？聽撒尿、聽韓寒撒尿、聽他撒尿時的聲音。沒人相信吧？可，我有記錄，2009-10-10～12，我的「顧曉軍主義：評論中國・之三百二十四」記載，「他撒尿，都有人願意聽聲音」。

那時，我與韓寒開打、打紅了眼，我也成了他某種意義上的粉絲；一有空，就上他的新浪博客上去找素材、找他的茬，以便撰文。

那晚，上韓寒博客，正巧遇上韓寒的最新留言，「聽到了嗎」。而韓粉們回帖，有說「聽到了」，有說「沒聽到」。聽到了啥？正費解，這時有人在「沒聽到」處跟帖，「撒尿的聲音這麼響、這麼長，都沒聽到？笨死。」

原來，這群煞筆在聽撒尿。當時，手機是2G，沒微信，QQ群裡也沒語音……他們是怎麼實現群聽的？後經反復查證方知——為刷屏等，他們早已玩上了對講機。

這就是韓寒和他的韓粉，他們就是這麼打發時間的。所以，誰信他會寫文章、寫長篇小說，怕是大腦出了問題。

當時，有個1510網站；站裡，有個很有名的香港女記者，叫閭丘露薇。一日，有位網友揭發閭丘露薇，說她參與了一個替韓寒寫時評之類的圈子，並把材料貼到了我的博客上，但很快就被網站刪除了。

大意是——當時有個圈子，承包韓寒博客上的時評；而這圈子裡的人，有名記、有媒體的主筆等。有誰主動出文章時，大家就討論下；多了，還得討論誰先上誰後上。如果沒有文章了，就按事先排好的序、抓緊寫。

這對於我來說，是絕對勁爆。所以，網站刪除前，我在電腦裡保存了，可後來材料卻不翼而飛。

如此，韓寒的博文咋可能有新意？韓寒的博文常火，是因炒作而形成的名人效應。實際上，如果確實被名記、媒體主筆們承包著，誰又願把純屬於自己發現的真東西放進去、而不自己寫呢？正因如此，韓寒被指剽竊、抄襲很多。如今Google仍有「韓寒抄襲事件」、「為什麼很多知名人黑韓寒抄襲」、「張一一起訴韓寒剽竊索賠31萬」、「四川下崗女工質疑韓寒抄襲自己作品存原稿憑證」、「清華教授報紙刊文痛批韓寒：猥瑣抄襲反智主義」、「韓寒被質疑造假事件」等。

我被韓寒剽竊、而撰寫的抗議，則有——2010-7-26的〈韓寒涉嫌剽竊〉、2010-8-4的〈剽竊高手——韓寒〉、2010-8-26的〈顧曉軍教導韓寒及天下剽竊愛好者〉、2010-12-7的〈關於韓寒與剽竊的回復〉等。

韓寒和韓粉及背後的人們，從聽撒尿，到組團代筆，再到剽竊、抄襲，那麼，還會有啥呢？作弊！2010-4-24，我論證、發表〈韓寒新浪博客的點擊量，是作弊！〉；2010-4-26，石三生也發表了〈快去時代看韓寒作弊〉。

石三生的文章，講述了韓寒如何教他的韓粉們在《時代》周刊的網頁上作弊、為他反復投票。

就這麼個劣跡斑斑的韓寒，卻被大陸偽自由派包裝起來……我先證明——韓寒是包裝的。還記得、韓寒去臺灣吧？記得馬英九握著韓寒的手，說「久仰、久仰」嗎？好，我就不追究韓寒是如何去臺灣的，然，能見到時任總統的馬英九、不是件容易的事吧？這背後已不是啥團隊，而是某組織；否則，韓寒咋可能見到馬英九呢？

韓寒背後的組織，暫稱為偽自由派。偽自由派是咋運作韓寒的呢？先在新浪博客選總統、選韓寒當總統。被我文章說穿後，改選韓寒當市長、當上海市長。可選上海市長不也是胡鬧？執政者會允許嗎？

其實，啥選韓寒當總統、選韓寒當市長等，不過都是障眼法。偽自由派炒作韓寒的真正目的，是要把韓寒送進《時代》周刊及其評選的所謂100名影響世界的人物之中；而後，再把韓寒送到美國《外交政策》的思想家的位置上，從而堵死大陸真正的、有自己的、獨創的思想的人的出路。

今日，再回頭看，韓寒是影響世界的人物、是思想家嗎？也請教《時代》周刊、《外交政策》。

「代筆」之韓寒遠遠不及宋祖德

從聽撒尿，到團隊炒作，再到剽竊、抄襲，而後又是作弊等等；那麼，還有沒有了呢？有，這就是「代筆」了。

「代筆」，源於我不信韓寒能寫出那博文與長篇小說。然，我不信卻不能說服其他人；如是，只有找證據。找呀找，便發現——韓寒的父親也是作家。韓寒的父親是作家，就能說通為何韓寒貌似很能寫了。我無意中又發現，韓寒的父親韓仁均原先的筆名，居然就叫「韓寒」。

我的第一感覺，就是以「韓寒」名義發的小說，都不是兒子韓寒寫的，而是其老子韓仁均的存貨。這就如同我質疑「何清漣」名下的文章，其實是程曉農、何清漣共有的（那時，我也質疑過曹長青，因他夫人也是教授之類，不似我夫人文化不高）；論據，是程曉農博士、沒有理由長時期不寫文章（指我質疑之前。在我公開質疑後，程曉農才重出江湖；同時，何清漣的文章的量也少了）。如此，後來就有了何清漣的「斷絕與顧流氓的來往」。同樣，韓仁均也沒有理由兒子出名後，自己就不再寫了。

我自己是作家，韓仁均又與我是同時代的人。我有體會，你讓我不寫，我難受；除非，把我的文字算在我子女名下，那我心甘情願。韓仁均的情景，不就是這樣嗎？

可，我寫出來後，被刪除。之後，卻有了麥田質疑「代筆」。如今一搜索，成了「方韓之爭」，到了方舟子名下。

也能理解，只要不在顧曉軍名下即可。這是某些人的意願。

其實，韓寒除了臟話連篇，啥也沒有；要不，怎麼會在央視銀屏上像傻子一樣？韓寒的長篇小說，是他爹的（Google「韓寒代筆」，有「為什麼說韓寒代筆幾乎是被實錘？韓寒的這三點表現就是『鐵證』」）；韓寒的博文，是偽自由派團隊的（這是我今天的爆料）；韓寒的電影，是韓寒老婆的（韓寒老婆金麗華，是中央戲劇學院電影電視系編導專業的畢業生）……我甚至懷疑，連賽車都未必是韓寒自己，那曠野上咋就不能代駕？

自然，韓寒真正倒掉，不在於「代筆」，而在於〈談革命〉、〈說民主〉、〈要自由〉的「韓三篇」。韓寒的「只要政府給他們（指民眾）補足了錢，他們就滿意了」，是「中國人素質太低，不適合民主」的翻版，也扒拉下了偽自由派的畫皮。

總而言之，韓寒太差；與宋祖德比，那是一個天一個地，甚至是地獄。宋祖德，爆料大王。當年，我只有小說網紅，還沒「打倒魯迅」、「狂挺鄧玉嬌」等，也沒人知道「天安門四五運動的先聲」；我一玩「網絡作家圈」，祖德就跟易中天等過來幫站臺。

而我無意中發現，宋祖德的「爆料」，其實是種揣測，不是新聞（我年輕時在軍校當院報編輯，不得已自學了點新聞學，所以稍懂）。我一說，管理層反應過來了；如是，把「娛樂圈紀委書記宋祖德」趕出了博客，這也是祖德流落到微博的根本原因。而祖德，從未罵過我。

不僅沒罵過，且今年前時祖德又出現時，還用我說過的、咋才算新聞，教導別人；可見，人家聽進去了、學到了。這當是祖德能重現網絡之所在。

而韓寒，網絡依舊在，卻與他沒有關係了，一邊呆著去；要上來，就得花錢、當作廣告發（韓寒，雖未被公開處理，然，處理是一定有的——我長期關注，有段時間，網上不再有韓寒的信息；偶爾彈窗有他的信息，則標明為：廣告）。

氣人吧？韓寒父子，曾猖狂、不可一世，而如今卻落到花錢買廣告位發信息的末路；想再炒作，蒙蔽80後、欺騙大眾，已沒有可能了，這就是踐踏公正、蹂躪規則、玩弄社會的下場。

我有預感：總有一天，韓寒團夥內、最終會有人良心發現，把秘密說出來。

2023-3-19~21

09 「中國需要顧曉軍」之路

——紀實•四千八百九十五

這裡是2009~2010，中國，網絡。這些年，有很多說不通、無法解釋的事。

網友說，「老作家你真行，我寫的帖子好多被網管刪除了，你寫的就不刪，你是否有關係？」

新浪雜談的帝王二號也在文中說，「我就有些納悶了：他顧作家可以直呼『打倒魯迅』，我為何不能說一聲『打倒顧曉軍』呢？」

許，真的是「中國需要顧曉軍」？然「畢文章說這話，指——中國需要有人發聲、吶喊、替老百姓說話，而非指其他」（以上皆引自〈「中國需要顧曉軍」的另一層意思〉，2010-4-13）。

別清意思，很重要。就像「中國需要顧曉軍」，千萬別讓人誤以為那陝北民歌《東方紅》裡的「中國出了個毛澤東」。出來混，不自視甚高是假；但，若高到讓人覺得覬覦他的地盤，那麼，被滅、也算是正常的事。

然而，即便能拎得清楚，「中國需要顧曉軍」之路，走起來也是很難、太難，難得難以想象。

在「狂挺鄧玉嬌」之後，在「打倒魯迅」暨「『揭露韓寒』之纏鬥」之中，我繼續替百姓說話，為弱勢群體維權、發聲而撰寫文章。

說句掏心窩子的話：「狂挺鄧玉嬌」，也給我帶來好運——自「打倒魯迅」後的負評、如「打倒顧曉軍」等，全都變成了正評，如「顧大俠」、「好漢」、「俠肝義膽」、「英雄」等（見〈一不小心，成了「民族脊梁、中國良心」（2010-3-11）〉等文章。此外，我的綽號，還有「懟仙」、「先帝（是因我犧牲掉的那些博客而得名吧）」

等）。

更有「時評人家」的畢文章，把「中國需要顧曉軍」作口頭禪；在論壇上，每有人反對我，他便以此彈壓（「時評人家」，為當年紙媒時評人信息集散地，兼網上休閑所；畢文章，乃論壇大佬，幾乎天天有時評見報）。

「中國需要顧曉軍」，我亦將此當作使命、責任與擔當。2009-8-21，發表〈不能讓孩子們找的MM，都是爺爺睡過的〉；2009-9-25，撰寫「顧曉軍主義哲學」〈否定論〉。

忙呀，忙。2009-10-1~2，剛發表〈「虛擬總統」是新民主的方向〉；2009-10-5~6，又再論〈大民主時代與「虛擬總統」制原理〉……這些，都是後來班農、孫立平剽竊我的《平民主義民主》一書的雛形。

2009-12-6，跟蹤唐福珍事件、發表〈烈女唐福珍之死之中國社會各方之責任〉等；2010-1-7~8，發表〈顧曉軍狂批中國名人（語錄）〉（流傳甚廣，還被外媒【專訪顧曉軍】節目引用。順說，當年還被日本國家電視台來采訪、請吃，預約給我拍紀錄片）。

2010-2-17，發表〈反對黨、反對派是遏制腐敗的苦口良藥〉（此為後來建議培養反對黨、反對派之基礎）。2010-3-26，發表〈顧曉軍發起：中國網絡民評官100人評議團〉（此，在另篇〈「顧門弟子」之歲月〉中展開）。

正當唐福珍事件等頻發之際，南方報系突然率領偽自由派寫手們展開「寬容」大討論。是要強拆者們「寬容」唐福珍嗎？顯然不是。是要唐福珍們「寬容」強拆者嗎？這又怎麼「寬容」？2010-3-31，我於病痛中，發表〈「寬容」是個偽命題 或許背後有交易〉，奮起阻擊，使此陰謀之輿論吹風、胎死腹中。

從此，我也與楊恒均及李悔之結下了梁子；之後，苦頭吃了不少（今日不表，以後再看；楊恒均的事不明朗，不寫，不落井下石）。

2010-4-6，於病痛中，我又撰寫、發表〈中國文學的根本問題，是個屁股的問題〉。2010-4-8，於病痛中，繼續「打倒魯迅」，再發表〈與蔡元培相關的認識之勘誤（三條）〉等文章。

2010-4-10，於病痛中（那年一直在胃病中，下不再提），發表〈「不成熟」的是民主 而「成熟」的是王道〉；此，為回應：究竟怎樣的形式是成熟的社會，繼續「平民主義民主」之研究與理論探索等。該篇，後亦收入《平民主義民主》一書。2010-4-11，發表〈如果社會沒有公平 又如何稱其為社會〉；此，亦為繼續在「公正第一」的道路上探索，後方成專著。

2010-4-12，發表〈中國需要顧曉軍〉，專為收錄時評大咖畢文章先生的「中國需要顧曉軍」之口頭禪，也為回應網友明月青鋒批我的文章〈網絡「暴醜」很瘋狂〉。

忙，太忙，忙得是一塌糊塗。2010-4-24，發表〈韓寒新浪博客的點擊量，是作弊!〉；2010-4-25，發表〈推論：魯迅很可能是日本潛伏特務〉；2010-4-25，再發表〈中國網絡民評官100人評議團 首月小結〉。

2010-6-2，發表〈鄧小平思想批判：讓一部分人先富起來〉。即當時轟動海內外及僑界的、從2日到9日、連發四篇的「批鄧理論」，詳見〈當年我批鄧小平，驚動了全球華人。真的!〉。

此前，2010-5-22還發布〈中國民主改革（知識）編委會兼征稿〉。當人們忙著議論顧曉軍是否被抓時，我也忙，忙著編《改革（知識）叢書》電子版。

2010-7-24，發表〈培養反對黨、反對派，對民族負起責任〉。「培養反對黨、反對派」話題，又驚動海內外（當年，我發起的話題，有很多驚動海內外），被轉載無數，且有評論（文章刊於香港《開放》雜誌，作者為「觀耘閑人」）。

2010-7-27，淩晨0:30左右，我接受美國自由亞洲電台的采訪；因對采訪話題沒準備，我即興大談「打倒魯迅」、「揭露韓寒」等。

後，倍感到壓力。如是，便回避現實，一頭扎進思想的莽原，集中精力、埋頭撰寫思想性的讀物《九月隨想》。

2010-10-27，我忍不住，又跳出來做「藍軍」（「藍軍」，意為陪練。這也是多年後，推特上的推友、對我的一番調侃。然，我不覺有啥不好，反覺頗為形象，還以《藍軍・網戰》為題、以自己經歷為內容，編撰了本電子書。前時，我文章還提過），一連撰寫了〈顧曉軍快評：人民日報談政改的荒謬〉、〈顧曉軍快評：北京日報談政改的荒謬〉等八九篇文章。

2010-11-3，發布〈【政改】（經典文叢）征稿啟事〉。另，我還編撰了《民主改革（文叢）》電子書。此外，還有〈誰啟動政改就支持誰〉系列（這，也被楊恒均剽竊。韓寒、楊恒均常剽竊我的東西）。

我還被網友文章說成——〈「顧粉團」鏖戰互聯網，思想界上演新「三國」〉。這，偽民主剽竊不了。

我那被封殺的維基百科「顧曉軍」詞條中的「中國民主第一推手」、「中國改革派領軍人物」等，就是這麼掙來的。對了，老百度百科「顧曉軍」詞條（亦已消失）這樣說：「顧曉軍，乃當代中國作家，也是當今網絡上罵人最為厲害的人。當然他也罵得得體、罵得入木三分、罵得淋淋盡致，是一個真實的、有社會責任感的人」。剛見到，留此存照，以防又忘。

2010-11-28，發表〈中國博客騎士們：狂人顧曉軍專訪〉，記錄與披露——2010-7-27，美國自由亞洲電台對我的采訪，早做成專訪節目《中國的博客騎士們 第二集 專訪：網絡狂人顧曉軍》，並於2010-07-30已經播出。換言之，我是幾個月以後才知道的。

專訪節目中，還引用了〈顧曉軍狂批中國名人（語錄）〉，突出「狂」字。記者還問「『磨快了兩把菜刀』，若他們真來，你真敢砍嗎？」（大意），我回答啥，忘了；不過，我心裡明白，對付韓寒這類小流氓，就得這樣。

然，我還是被偽自由派耍了——我這邊，扛著「中國需要顧曉軍」，拼性拼命為老百姓維權、推動政改等等。而韓寒那邊，輕輕松松「選韓寒當總統」、「選韓寒當市長」，上美國《時代》周刊、

《外交政策》。而上《時代》周刊等，能放得上臺面、寫進百度百科「韓寒」詞條。而我，被美國自由亞洲電台專訪，還得藏著掖著；最終，連維基百科「顧曉軍」詞條，都或因此被禁閉。

所以呀，「『中國需要顧曉軍』之路」，雖好聽，走起來卻太難。如果有下輩子，我一定無比謙遜地、讓給別人走。

2023-3-24~25

10 當年我批鄧小平，驚動了全球華人。真的！

——紀實·四千八百六十六

昨日的〈我所參與的薄熙來王立軍一案〉一文後，有網友暴力泰迪熊跟帖道，「挺有意思，這算半瘋半癲的個人，著名作家，思想家，哈哈！」

那我也就「哈哈」，不計較罵我「半瘋半癲」。老話說，「不瘋魔，不成活」。再說，我已經悠著寫了——只暗示「詳見顧曉軍2011-6-6發表的〈說說中國政治的大迷局〉」，沒具體說那文——在薄熙來出事之前半年多，我是咋說薄熙來的。

再，薄熙來出事後，瘋傳——薄熙來上臺，計劃殺五十萬人……這，也是大家都知道的。而大家不知的是——據說，要殺的文化人名單中，第一個就是我顧曉軍。這，我也沒有說吧？

其實，那也不過是場事後虛驚，想想後怕而已。而我真正經歷的，比那要玄一千、一萬倍。這，就是——當年我批鄧小平，驚動了全球華人；且，海外媒體皆競相報道，其中還有說「顧曉軍被拘」等。

容我道來。2010-6-2，我發表〈鄧小平思想批判：讓一部分人先富起來〉，批評經濟改革中出現的雙軌製；接著，2010-6-4又發表〈鄧小平思想再批判：發展不是硬道理〉，指出完全可以兼顧經改中民眾的承受能力；再接著，2010-6-6我發表〈三批鄧小平：鄧式改革是誓與人民為敵〉，對鄧式改革提出了嚴厲的批評；再接再厲，2010-6-9我再發表〈四批鄧小平：鄧式改革是換湯不換藥〉，指出這樣的社會變革看不到前途與出路。

如是，全網炸鍋。這「批鄧」，不是1975年的「批鄧、反擊右傾翻案風」（相反，那時我挺鄧、挺鄧小平復出，並於1976年3月28

日刷出了「打倒張春橋」的標語，遂成為「『天安門四五運動』的先聲」的「南京反標事件」的始作俑者。詳見本書前面的〈魏京生，文革、西單牆及其他〉、〈有人對「我認識胡耀邦的兒子」感興趣〉、〈與嚴家其商榷：天安門四五運動的先聲〉)，而是2010年、是逆改開潮流的批鄧。

逆潮流，多既是作者思想的敏銳，亦有彼時社會思潮因素。當時，社會的兩級分化非常嚴重；因此，當四篇文章相繼貼出後——先，是讀者、包括整個社會——靜默，大家都在觀望；而後，是爆發、內心的擁護——文章下的「支持」票與「反對」票之比，達106.27比1。再而後，是文章的反對者們的反攻（不去臆測誰授意。因有既失利益者，就必有既得利益者)、批判，以易延年的〈駁顧曉軍的批鄧理論（系列)〉為例，多達近百篇，時長亦跨年。

最主要的，是我的「批鄧理論」不是要重回毛時代；如果是，網上一直有，也就沒啥大驚小怪。也不是啥「政左經右」或「政右經左」之類的假打，而是站在老百姓的立場上（這可參見網友山寺仙妖的〈如果，顧曉軍坐牢了……〉與〈若顧曉軍「被」顛覆國家政權……〉)，指出改革原可多方利益兼顧，然鄧式改革沒有做到。

說實話，我以為我的批評是公允的。因此，網上盛傳「顧曉軍被拘」——不排除「顧曉軍被拘」是放風、是前奏，或是少數人的幸災樂禍；然，我以為，也可能是讀者們的擔心，讀者們的防患未然、讀者們的先聲奪人。

這時，海外媒體也競相報道，且不僅僅是平面媒體，還包括電台、電視台的跟進；而標題，則有《中國網路論壇公開批判鄧小平思想》、《網路論壇公開批判鄧小平思想引發熱議》等等。重點，說公開批判鄧小平的禁區，被中國作家顧曉軍突破等等。還說，「顧曉軍批判『鄧小平思想』的系列博文，在6月2號到9號陸續發表，各大論壇紛紛轉載。在網民中引發熱議」，以及網友們和海外、又是如何如何認為等等。

再後，就是「顧曉軍被拘」傳瘋了。山寺仙妖亦發表上面提到的「被顛覆」與「被坐牢」二文。如是，海外媒體又跟進報道《「批鄧理論」中國作家被打壓封殺》，說「引發了全球華人對『批鄧』的熱議」、「在網絡上引起了不小的影響，特別是華僑界」、「引發了全球華人的關注」等等。還展示了小妖的博客，報道小妖說「如果，顧曉軍坐牢了……小妖願用自己把您換出來！」

唉，咋樣？如今論壇、博客上，說毛說鄧的小朋友們，你們的天地、是不是老前輩們拼性拼命、替你們撐出來的？

不怕大家笑話。反正，當時我是被嚇得屁滾尿流，「五批」、「六批」、「七批」……全改寫成〈五贊鄧小平：貧窮不是社會主義〉、〈六贊鄧小平：左派管右派〉等（當然，內容與前「四批」同方向，但、換了說話方式）。

所以，如今無論是論壇還是博客上，有小朋友與我叫板，我都懶得說——我年紀雖不算太大，但，我確實是你們老前輩的老前輩。

不信？我前天剛寫了篇〈錢穆的「反骨」，胡適也有短〉，不少人還沒在意吧？你沒留意，有人盯著；在我文章貼出之後，隨即有大陸人整出篇「錢穆是愛國人士」。

本文初稿貼出之後，說我「吹牛」的，有之；懷疑我是特務的，亦有之……於前者，我的回答是「海外媒體的報道如今依然能搜索到，自己去看」。於後者，我寫了篇文章回應，結果他跟帖告訴我、他是開玩笑。開玩笑？唉，有拿「特務」玩笑的嗎？

另，有網友櫻桃兒熟了跟帖（2-26）「是的，當年我在坦桑尼亞就聽說了」。

也有網友跟帖道，「查了下『顧曉軍』，很有名啊，異議分子……」。其實，「異議分子」真不算啥好詞，我只不過是希望——祖國好，這塊土地上的人們過得更好。

最後，感謝初稿所有跟帖者，讓我認真思考、修改了本文。

2023-2-25~28

11 「中國著名作家顧曉軍」之出處

——紀實·四千九百六十七

我一直以為,「中國著名作家顧曉軍」是沾了艾未未的光。

上月寫的〈「維權」之騙局與活埋〉之中,就有「反正那篇報道艾未未的文章,被百余家媒體轉載;而那文章的最後,說『中國著名作家顧曉軍』如何評論(在這之前,我只被稱作『中國知名作家顧曉軍』)。啥意思呢?人擡人高——『中國著名作家顧曉軍』如何評論艾未未,艾未未自然就更重要」等。

然,我錯了。翻舊文時,我才發現〈海外看:顧曉軍——一個著名作家〉。

該文,撰寫於2010-7-15,全文如下——

【生病、發燒,四肢無力,啥也不能寫了。整整一天,就轉發了幾條新聞。

【Google卻送來關於「顧曉軍」的新聞,還是外文。

【翻譯成中文(當時用Google翻譯,2023-8-26註),內容如下——

【搜狐,最熱門的中國門戶網站之一,刪除其博客1比100主辦了2010年7月14日的博客更多的服務。其中許多是有影響力的輿論領袖,持不同政見者和公民權利的活動分子,其中包括:

【賀衛方(賀衛芳) - 一個公民權利的法律專家和律師

【老虎廟(老虎廟) - 公民記者

【楊衡君(楊恒均) - 一對外國事務突出的blogger

【劉曉園(劉曉原) - 一個人權律師

【滕彪(滕彪) - 一個公民權利活動家

【許之饗(許誌永) - 一個公民權利活動家

【浦志強(蒲誌強) - 一個公民權利的律師

【章離返（章立凡） - 一個歷史學家

【谷一微（余以為） - 當前事件的blogger

【谷曉軍（顧曉軍） - 一個著名作家

【溫科健（溫克堅） - 一個中國筆會會員

【劉軍寧（劉軍寧） - 一個政治學家

【王俊秀（王俊秀） - 一個新的編輯和媒體專家

【鄔作萊（吳祚來） - 一個文化評論家

【……

【從「知名作家」晉升為「著名作家」，當然是可以高興幾分鐘的。

【轉之。】

此後，才是2011年4月12日的報道艾未未的文章，即「報道艾未未的文章，被百余家媒體轉載」等。

而於「被百余家媒體轉載」，我用Google「中國著名作家顧曉軍」等，已理順了——2011年4月12日，臺灣東森新聞發文〈【一虎八奶圖】諷黨中央〉；2011年4月13日，《蘋果日報》、《聯合晚報》、《澳洲日報》等百余家中外媒體轉載，文中道「中國著名作家顧曉軍表示，該圖十分太真實和太大膽，真實得沒有任何一絲一縷的掩飾與編導痕跡，讓不懂藝術人都覺得是藝術了，這正是艾大膽與其對藝術的詮釋」。

前時，有人質疑我的「中國著名作家」（其實，一直有人質疑），我沒解釋。

剛剛，才發現很多質疑我的人的老前輩，皆認可「中國著名作家顧曉軍」。不信，請看我2011-6-13文章的收集——

【編劇陳秋平Joseph的微博- 人大經濟論壇-微博網 11 小時前 - 天朝周刊：中國著名作家顧曉軍在博客中寫道（為壓縮篇幅，刪節。我寫啥不重要，重要的是認可。下同。2023-8-26註）。

【記者張楊的微博- 我的微博-Weibo 18 小時前 - 天朝周刊：中國著名作家顧曉軍在博客中寫道

【孟慶泉律師的微博- 綠野微博- Powered By Xweibo 9 小時前 - ：「中國式爆炸」著名作家顧曉軍在博客中寫道

【張耀傑2012的微博- 麗水微博- Powered By Xweibo 10 小時前 - 天朝周刊：中國著名作家顧曉軍在博客中寫道

【遊精佑的微博- 新浪微博大馬站- Powered By Xweibo 4 小時前 - 天朝周刊：中國著名作家顧曉軍在博客中寫道

【[轉帖]穆一然：錢明奇之後……_百度空間 23 小時前 - ……中國著名作家顧曉軍在博客中寫道

【Q大哥佬- 天涯社區 15 小時前 - 中國著名作家顧曉軍在博客中寫道

【Benny馬的微博- ATV百萬年薪微博互動 8 小時前 - 天朝周刊：中國著名作家顧曉軍在博客中寫道

【天朝周刊的微博- 高校信息平臺- 大學微博 18 小時前 - 天朝周刊：中國著名作家顧曉軍在博客中寫道

【李-旭-東的微博- 漢網微博- Powered By Xweibo 3 小時前 - 天朝周刊：中國著名作家顧曉軍在博客中寫道

【我叫夢想想的微博- 新吉林微博- Powered By Xweibo 20 個帖子 - 10 個作者 - 新貼子： 9 小時前 天朝周刊：中國著名作家顧曉軍在博客中寫道

【西安團購｜西安-團購-網-站-大全｜老朱同誌的微博- 西安-團購-網-站 ... 6 小時前 - 天朝周刊：中國著名作家顧曉軍在博客中寫道

【師太開門的微博- 合同網法律微博站- Powered By Xweibo 8 小時前 - 天朝周刊：中國著名作家顧曉軍在博客中寫道

【天下大平7的微博- 易觀國際微博- Powered By Xweibo 14 小時前 - 誠學世界：中國著名作家顧曉軍在博客中寫道

【任運9的微博- 商界微博—商界財視網- Powered By Xweibo 8 小時前 - 天朝周刊：中國著名作家顧曉軍在博客中寫道

【屁民湛江的微博- 黃金投資策略網- Powered By Xweibo 10 小時前 - 天朝周刊：中國著名作家顧曉軍在博客中寫道

【天下大平7的微博- 智億傳媒- Powered By Xweibo 16 小時前 - 誠學世界：中國著名作家顧曉軍在博客中寫道

【周子曦zzx的微博- 尋車網微博- Powered By Xweibo 2 小時前 - 天朝周刊：中國著名作家顧曉軍在博客中寫道

【珍珠眼淚的微博- 電腦商網微博- 隨時隨地的分享 11 小時前 - 天朝周刊：中國著名作家顧曉軍在博客中寫道

【吳氏浪人的微博- 壓縮機微博- Powered By Xweibo 10 小時前 - 天朝周刊：中國著名作家顧曉軍在博客中寫道

【AoFeiShi5的微博- 南公園微博- Powered By Xweibo 3 小時前 - 天朝周刊：中國著名作家顧曉軍在博客中寫道

【幸福關於幸福的微博- 肉丁網圍脖- Powered By Xweibo 11 小時前 - 天朝周刊：中國著名作家顧曉軍在博客中寫道

【maxminimi的微博- 牛皮癬微博- Powered By Xweibo 20 個帖子 - 10 個作者 - 新貼子： 8 小時前 中國著名作家顧曉軍在博客中寫道

【rawboy的微博- OK平板網- Powered By Xweibo 16 小時前 - 天朝周刊：中國著名作家顧曉軍在博客中寫道

【井上耕夫的微博- 啄木的會客廳- Powered By Xweibo 15 小時前 - 天朝周刊：中國著名作家顧曉軍在博客中寫道

【今天之後2011的微博- 微博@瑞士寶貝- Powered By Xweibo 11 小時前 - 中國著名作家顧曉軍在博客中寫道

【太多了，就這樣吧！

【……】

且，以上這些人中、有的人自己就很有名。

此外，被維基百科封殺的「顧曉軍」詞條中，就有「中國著名作家、當代思想家顧曉軍」。如果說，維基百科不夠官方的話，那麼，在維基百科封殺之後很久才消失的百度百科，及搜狗、360等的百科的「顧曉軍」詞條中，也都有「中國著名作家、當代思想家顧曉軍」。這又作何解釋呢？

好，還原歷史完畢。

2023-8-26

12 「【顧版】100 公知」的故事

——紀實・四千九百五十八

現在人，真的很不會玩。我說個「【顧版】100公知」的故事，啟發啟發大家。

百科說，公知是公共知識分子的縮寫，可追溯到法國啟蒙運動；最重要的，是說「中國正式使用是在2004年，《南方人物周刊》第七期特別策劃『影響中國公共知識分子50人』首先推出的一個概念」。

2004年，正好是我上網、復出的那一年。復出後，我很努力，有小說網紅、「網絡作家圈」、「打倒魯迅」、「狂挺鄧玉嬌」、「揭露韓寒」、「批鄧理論」等等，還有美國自由亞洲對我的專訪。

說真的，挺火的；此外，我也覺得自己挺有學問。可，《南方人物周刊》就是不帶我玩，不讓我當公知。這讓我非常非常生氣。

一惱火，我就自己評選公知——2011-2-2，我發布〈2010，中國百名公共知識分子〉，並批評了博訊那個學樣的「2010華人百名公共知識分子」。

我的百名公共知識分子名單，有——溫家寶、宋楚瑜、顧曉軍、達賴喇嘛、劉曉波、袁騰飛、劉亞洲、司徒華、張宏良、魏京生、王丹、蔡楚、何頻、李卓人、何俊仁、趙達功、蕭強、劉飛躍、伊力哈木、胡平、蔡定劍、余傑、艾未未、冉雲飛、張耀傑、老虎廟、力虹、陳破空、徐水良、曹長青、張三一言、周有光、李銳、張思之、周瑞金、謝韜、吳思、方興東、徐賁、汪丁丁、長平、胡舒立、錢鋼、高瑜、笑蜀、龔曉躍、江天勇、滕彪、顏昌海、觀耘閑人、未普、齊思仁、余光中、龍應台、姜文、北島、戴晴、金鐘、閭丘露薇、蔡詠梅、趙麗華、陳行之、李承鵬、王克勤、時寒冰、閻連科、廖亦武、北風、野渡、王力雄、唯色、賀衛方、何清漣、秦暉、于建嶸、郎咸平、辛子陵、王康、吳敬璉、蕭瀚、徐友漁、溫鐵軍、高行健、劉軍寧、劉植榮、章立凡、朱明勇、胡星鬥、石三生、牟傳珩、山寺仙妖、易延年、畢文章、劉繼莊、大吼一聲、喬志峰、木然、廣州老農、趙華、王曉陽。

我這麼一玩，第二年，《南方人物周刊》就望而生畏、不玩了（我已查到2017-3-19發表的〈也談「政治」與「公知」〉，其中有「《南方人物周刊》被我嚇住了，第二年就沒敢再做」）。

可我也很忙呀！第二年，就發文給網友——〈給華夏黎民黨〉，邀請他替我主持〈【顧版】2011中國百名公共知識分子〉的評選（〈也談「政治」與「公知」〉文中有記載，「而我，也興致不大了，以忙為由、把做公知的活交給了華夏黎民黨。在他做好後，我以〈2011中國百名公共知識分子【顧版】〉發布」）。

華夏黎民黨的百名公共知識分子名單，是——顧曉軍、張三一言、王炳章、郭泉、唐荊陵、杜導斌、劉曉波、秦永敏、吳義龍、劉賢斌、陳衛、陳西、陳樹慶、吳仁華、劉泰、仲維光、徐沛、謝萬軍、王天成、劉剛、唐柏橋、徐水良、魏京生、徐文立、溫雲超、賀衛方、孫文廣、滕彪、吳稼祥、吳祚來、夏業良、余傑、張鳴、沙葉新、冉雲飛、李承鵬、何清漣、曹長青、陳破空、盛雪、費良勇、牟傳珩、江天勇、白巖松、姜文、曹天、袁偉時、呂耿松、長平、胡平、傅國湧、郭飛雄、王德邦、慕容雪村、王荔蕻、郭于華、趙曉亮、葉匡政、劉軍寧、何德普、高洪明、查建國、王榮清、朱虞夫、郭國汀、穆文斌、郭寶勝、陳立群、宋書元、李鐵、羅弘基、艾曉明、黃琦、王金波、黃金秋、車宏年、華春輝、王譯、浦志強、唐吉田、胡石根、孫立勇、蔡楚、廖雙元、黃燕明、莫建剛、陳維健、毛慶祥、徐光、祝正明、梁海怡、丁茅、鄭創添、魏強、陳光誠、徐友漁、鄢烈山、余世存、石三生、陳維明。

華夏黎民黨評選出來之後，我就及時發布了。

第三年，隨南方之後，博訊也不玩了；「【顧版】100公知」又堅持了一年，是我邀請石三生做的。

不知為何，2012年的「【顧版】100公知」，如今竟找不到存根；但，〈也談「政治」與「公知」〉中同樣有記載，「第三年，我記得交給了石三生做，我發布」。沒存根，很可能情況是這樣的——當時，石三生做的不認真；我只發布，就沒留底。

簡單一句話，只用了這一招，我就把《南方人物周刊》於「影響中國公共知識分子」的「權威」，給玩黃掉了。

再後來，「公知」臭了，成了罵人的話。這就不關我的事了。

總之，現在人不會玩。我們那會，一會一個「民評官100人團」，一會一個「【顧版】100公知」；再不，就是【顧版】某年十大新聞等等之類，舉不勝舉、層出不窮。

2023-7-26

13 舉證維基百科封殺「顧曉軍」

——紀實・四千八百九十七

某些人的勢力無處不在，維基百科也不例外。維基百科封殺「顧曉軍」詞條，已十二年了。

寫〈「中國需要顧曉軍」之路〉，要用「中國民主第一推手」等；怕錯，打開民運百科「顧曉軍」詞條。用後，無意中點到某處，結果打開了維基百科已封殺了十二年的「顧曉軍」詞條。

其曰

此條目也許具備關注度，但需要可靠的來源來加以彰顯。（2011年5月9日）

請協助添加來自可靠來源的引用以改善這篇條目。

又曰

此條目的中立性有爭議。內容、語調可能帶有明顯的個人觀點或地方色彩。（2011年5月9日）

加上此模板的編輯者需在討論頁說明此文中立性有爭議的原因，以便讓各編輯者討論和改善。

在編輯之前請務必察看討論頁。

以上兩條，請參見本文題圖上所粘貼的維基百科之截圖。

以下，為十二年前被維基百科封殺的「顧曉軍」詞條的全部內容；明眼人一看便知，非我手筆。

另，除每自然段前添加兩空格、及所有簡體字“”等符號均一鍵轉換成「」等正體字符號外，其他沒改動任何一字。

顧曉軍（1953年8月12日—），男，漢族，幹部，南京人，中國著名作家[1]、當代思想家[2]。

文革之初，不滿13歲的顧曉軍，即站在主席臺上被批鬥、「坐飛機」。22歲，刷出「打倒張春橋」的大標語，遂成為「天安門

『四五運動』的先聲」的「南京反標事件」的始作俑者。

始於上世紀七十年代末，顧曉軍相繼在《人民日報》、《小說選刊》、CCTV-1黃金時段及各地報刊、電台、電視台與各種選刊、選集中發表、獲獎各類作品數百萬字。因故，九十年代之後，漸趨沈寂。

顧曉軍，於2005年春，復出於網絡，著有《顧曉軍小說》、《顧曉軍主義》、《顧曉軍言論》等20余卷（不包含過去的那數百萬字作品）。

顧曉軍復出後的代表作「打倒魯迅」、「論反對黨、反對派」、「批判鄧小平理論」等系列文章，遭到《人民日報》及各地報刊、電台、電視節目與整個中文網絡的批判；對此，海內外媒體多有報道與相關評論[3]。

顧曉軍除創作外，還積極參與網絡維護公民合法權益等活動，如挺鄧玉嬌（寫下文章近200篇）、挺錢雲會（寫下文章30余篇）、挺艾未未（寫下文章40余篇）等，均被海內外媒體廣泛采用，並被眾網友反復轉貼。

顧曉軍作品中的人物形象與思想，被借鑒與對網絡人的啟迪是潛移默化的。如，對周潤發宣布死後將捐出財產的短評，被網友轉了被刪、刪了再轉，不計其數。顧曉軍的文字，成為網絡流行語的，還有「中國有風險，投胎需謹慎」、「又被強奸了」等等。

顧曉軍對各種社會不公現象的批判，更是不遺余力，被公認為：「顧曉軍，乃當代中國作家，也是當今網絡上罵人最為厲害的人。當然他也罵得得體、罵得入木三分、罵得淋淋盡致，是一個真實的、有社會責任感的人」（見〈也談顧曉軍〉）。

因此，顧曉軍也倍受中共的打壓，他在博客中國等處的千萬點擊、百萬點擊的博客，如今已被封殺殆盡[4]；中共對他的打壓，還滲透到境外網站及新聞、搜索等領域。

顧曉軍網絡大事記

2004年末，開通寬帶、學打字，接觸網絡。

2005年，以「江南依舊」為昵稱，復出於網絡。4月，寫下敘事詩〈鄉村少女〉等名篇。6月，轉攻小說。10月，〈嘗試一夜情〉等篇躥紅——數千萬點擊的不止一帖，網友轉貼點擊上千萬、數百萬的亦非少數，總點擊至少以數億計。

2006年，參與網絡熱點評論。3月，成功煽動起「韓白之爭」。5月，批余秋雨，未成氣候。6月，拉起「網絡作家圈」，成為坐擁7萬余眾的「天下第一圈」。

2007年初，博客遭新浪封殺。始，啟用真名「顧曉軍」，默默耕耘小說；迄今，已創作出中、短篇小說130篇。是年9月，提出「打倒魯迅」，並放言「扛起復興中國文學大旗」。一時間，「倒魯」震撼中文網絡與全社會；10月，先後接受TOM、中新網專訪。

2008年初，「倒魯」遭《人民日報》批判及各地報刊、電台、電視節目的貶損，含境內眾博客、論壇作者的萬余篇跟風辱罵文章。然，「倒魯」帥旗高展，先後掀三次高潮，使「魯迅」逐年淡出、幾近絕跡於教科書。成績斐然，代價巨大；此後，中共暗中實行對「顧曉軍」的網絡圍剿。痛定思痛，於2008年歲末之寒夜中，「顧曉軍主義」誕生。

2009年，構建「顧曉軍主義」哲學的「趨勢論」、「多元論」、「否定論」，構建「顧曉軍主義」經濟學的「時代指數」等，構建「顧曉軍主義」社會學的「大民主」、「政黨必將消亡」等理論。5月，鄧玉嬌事件爆發，遂以「替死」、「死諫」等形式「狂挺鄧玉嬌」；在最黑暗的日子裡，境內網上、只有顧曉軍一人在撰文吶喊、呼號，凝聚著民心與民意，被網友譽為「顧大俠」、「顧英雄」。後轉入「為通鋼工人撐腰」，繼續與權貴鬥。是年，還對〈論人民民主專政〉、〈實踐是檢驗真理的唯一標準〉、「三個代表」及魯迅、李敖、韓寒進行批判，勘誤、論證「魯迅沒有參加過五四運動」等。批韓寒，遭韓粉辱罵、新浪封殺、國寶「喝茶」威脅，最為兇險與離奇。

2010年2月，論述「培養反對黨、反對派」，被海外中文網、香港月刊關注，後被旅美學者寫進專著。3月，拉起「中國網絡民評官百人團」，使中共心驚膽顫，後被其各個擊破、打散。6月，開展「鄧小平思想批判」；經海外媒體紛紛評介，震驚全球華人世界[3]。隨後遭中共打壓、封殺[4]。7月，接受美國電台專訪。是年，還撰寫了「批毛澤東」、「駁『寬容』」、「九月隨想」、「推動政改」……及啟動「改變中國」等系列，皆可圈可點。偷閑，還用博客大力推薦民主派他人優秀文章，被網友譽為「中國民主第一推手」，同時創造出博客中國的第一個個人點擊超千萬的記錄；又暗中調集寫手與「顧友」、雲集博客中國，創下該網的中興與繁榮。

2011年初，在挺錢雲會之中，發起「揭大五毛」、「抓偽民主」，教會網友識別特殊身份者，隨後即遭封殺、打壓。痛定思痛，開始了「中國民主派的劃分」、提出「中國民主派的任務」；進而，重新表述普世價值的核心價值觀，首次以中國人的身份插足西方思想與理論的「世襲領地」。4月，挺艾未未，前後撰文百余篇。6月，在海外中文網開辟專欄。8月，接受日本國家電視台專訪、拍紀錄片之邀。之後，一批文章、被網友編成電子書《顧曉軍PK中共》。11月，再次批判〈實踐是檢驗真理的唯一標準〉，撰寫出〈現在時的公正與良知是檢驗真理的標準〉，廣受好評。

參考文獻

1^ 見2011年4月12日《澳洲日報》、《蘋果日報》、《聯合晚報》等百余家媒體之同題文章

2^ 見華夏黎民黨之〈當代部分風流人物資料存檔〉

3^ 見2010年2月20日參與首發〈作家顧曉軍在【博客中國】撰文培養反對黨遏制腐敗〉、2010年3月號《動向》月刊〈中共內部面臨大分化〉、2010年6月14日新唐人電視台〈【禁聞】中國網路論壇公開批判鄧小平思想〉、2010年6月15日希望之聲國際廣播電台〈中國網路論壇公開批判鄧小平引發熱議〉、2010年7月30日自由亞洲電台〈中國的博客騎士們：網絡狂人——猛博顧曉軍專訪〉等。

4^ 見2010年6月30日新唐人電視台〈【禁聞】「批鄧理論」中國作家被打壓封殺〉：「中國網絡作家顧曉軍公開批判鄧小平思想，本臺記者發表了相關的新聞報道」。

5個分類: 1953年出生 在世人物 南京人 顧姓 中華人民共和國作家

當您讀完以上，難道還不能確認——維基百科參與了某些人蓄意封殺「顧曉軍」的行動嗎？

又及（2023-9-3）：以下兌現〈代序 「顧曉軍」之紀實〉文尾之承諾。

用必應搜索「顧曉軍」，聊天機器人總幹擾、搶著推薦同名的圖書管理員。

一日，我忍不住問，中國著名作家、當代思想家顧曉軍，不比同名的圖書管理員更有名嗎？它道，搞錯了，以為是同一個人。好，我原諒它。

昨日，它又搶著推薦；我又問，它還是這套。我以為它不信「中國著名作家、當代思想家顧曉軍」一說，就把《大腦革命》等的書號發給它，還說「請甄別」。

誰料，它竟告訴我——這些ISBN號分別對應以下書籍：

9789869198103: 《獨立之路》（作者：李光耀）

9789869220224: 《人性的弱點》（作者：戴爾・卡耐基）

9789869220293: 《如何閱讀一本書》（作者：莫提默・J. 艾德勒）

9789869269346: 《人類簡史》（作者：尤瓦爾・赫拉利）

9789869314596: 《黑天鵝》（作者：納西姆・尼古拉斯・塔勒布）

9789869337243: 《原則》（作者：雷・達裡奧）

9789869397841: 《思考，快與慢》（作者：丹尼爾・卡尼曼）

（篇幅過大，刪除部分）

難道是臺灣出版社、套用別人的書號欺騙我？我蒙了。可一想，書號在臺灣不貴、人家幹嘛要騙我？臺國圖也參與、假裝收藏我的書？還有發行商，香港的、亞馬遜，都參與了？

如是，我把以下發給它——

顧曉軍及作品初探 ISBN：978-986-95051-7-8 ; 986-95051-7-1

向諾貝爾和平獎、文學獎推薦顧曉軍 ISBN 978-986-358-627-2

GuXiaojunist Philosophy（顧曉軍主義哲學【英文版】）ISBN：978-986-358-667-8

世界欠顧曉軍一個諾獎 ISBN13：9789863587811

顧曉軍主義之淺探 ISBN13：9789865526733

它回我——顧曉軍是一位中國作家和思想家。他的作品包括小說、散文、詩歌等。其中，我找到了以下幾本書：《顧曉軍及作品初探》、《向諾貝爾和平獎、文學獎推薦顧曉軍》、《GuXiaojunist Philosophy》（顧曉軍主義哲學【英文版】）、《世界欠顧曉軍一個諾獎》、《顧曉軍主義之淺探》。

一、它居然去掉「著名」。二、它竟把顧粉團朋友寫我的書當成我的書。

我以為把書名與書號放一起，它就不會亂來。如是，我給它發《大腦革命》ISBN13：9789869198103等。

誰料，它耍賴——我很抱歉，我無法檢查您提供的書號是否正確。

那它咋說「9789869198103: 《獨立之路》（作者：李光耀）」等等呢？

且，我用「9789869198103」等等搜索了，分明是我的《大腦革命》等等。

不用多說了，機器人的背後是人，必應聊天機器人參與了封殺顧曉軍。

2023-3-26~ 9-4

14 「顧曉軍獎」之實

——紀實·四千九百六十四

Google「顧曉軍」，可見到「顧曉軍獎」。

打開「顧曉軍獎」，則有——

顧曉軍獎，是由顧曉軍個人獨資承辦的獎項。

基本概況：「顧曉軍獎」，是顧曉軍先生「為推廣【公正第一、民權至上、自由永恒】的、當代的、最前沿的民主思想」而設立的，由顧曉軍先生個人獨資承辦的獎項。

「顧曉軍獎」，在2011年首次頒獎，此後每年一屆，至今已四屆。

顧曉軍（1953年8月12日－ ），男，漢族，南京人，中國著名作家、思想家，著有《顧曉軍小說》（1～7卷）、《顧曉軍主義哲學》、《平民主義民主》、《公正 民權 自由》、《解密 質疑 預測》、《大腦革命》、《九月隨想》、《批鄧理論》、《打倒魯迅》、《狂挺鄧玉嬌》、《揭露韓寒》、《馬拉拉是騙子》等30余卷。

「顧曉軍獎」，始於2012-7-24的〈假如我能獲得諾獎〉，文曰「假如我能獲得諾獎，就設個『顧曉軍博客獎』：一等獎十萬（人民幣，下同），獎給石三生；二等獎五萬，獎給山寺仙妖；三等獎二萬，獎給華夏黎民黨」等。

2012-12-16，發表〈頒布顧曉軍獎〉，文曰【第二屆（2012）

【一等獎：石三生（獎人民幣10萬元）

【二等獎：上蒼有眼、波心投影、無民主、天馬行空、森林之子、否悟（各獎人民幣5萬元）

【三等獎：伍彩旗飄揚（獎人民幣2萬元）」

【本獎註：一、本獎由顧曉軍個人、獨資承辦，獎勵熱愛公正的人。並以此推動「公正第一」，吸引全社會關注公正。二、以上

獎金暫為白條，待頒獎者顧曉軍獲世界大獎或獲大額捐助後兌現，兌現順序如以上獲獎名單（本文具有法律效應）」。】

然而，顧曉軍未獲得任何世界大獎，亦未獲任何大額捐助。

2013-10-21，發表〈顧曉軍獎與諾貝爾獎〉，文曰【頒布「顧曉軍獎」（第三屆・2013年）

【一等獎：無民主、森林之子、勞力、上蒼有眼、盧德素（各獎人民幣5萬元）。

【二等獎：石三生、波心投影、風北吹、弄不靈清、貝車（各獎人民幣3萬元）。

【三等獎：否悟、谷中百合、貞雲子、蒼山有月、作家班（各獎人民幣1萬元。作家班由馬世平、希望之民、東來、小人物、美好願望5人均等共享）。

並預告【為把「公正第一」推廣至全中國、乃至全世界，現、特對「顧曉軍獎」進行改革，從第四屆（2014）起、「顧曉軍獎」將由「期貨」改為「現貨」！

【一等獎：一名，獎人民幣3000元。二等獎：二名，各獎人民幣2000元。三等獎：三名，各獎人民幣1000元。（當月電匯）。】

2014-9-27，發表〈顧曉軍獎（現金獎）開獎啦！〉——

【「顧曉軍獎」一等獎（獎勵人民幣三千元整）

【獲獎者：盧德素。

【「顧曉軍獎」二等獎（各獎勵人民幣兩千元整）

【獲獎者：石三生、貞雲子。

【「顧曉軍獎」三等獎（各獎勵人民幣一千元整）

【獲獎者：勞力、上蒼有眼、森林之子。】

文尾，提及「毀家抗戰」；為此，眾多網友皆熱淚盈眶。

2015-11-16，發表〈2015，顧曉軍民主獎開獎〉——

【2015，顧曉軍民主（現金）獎，頒予以下、在本年度中、對中國的民主建設作出卓越貢獻的十位：

【盧德素、貞雲子、石三生、風北吹、小人物、上蒼有眼、勞力、森林之子、東來、無民主。

【一、2015，顧曉軍民主獎不分等級。以上之獲獎人士，各得人民幣1000元。

【二、請獲獎的人士，將網名、真名、銀行帳號、開戶銀行發至（郵箱略，2023-8-22註），以便盡快電匯獎金。

【三、顧曉軍民主獎明年進行改革，以出書形式獎勵。

【因此，顧曉軍民主獎，2016年起不再公開頒獎；而以顧學研究院之哲學所或文學所，予以正式出版個人專集的形式表彰（亦可能合著，如「波心投影 無民主 著」等）。】

2016年至今，獲顧曉軍民主獎、而得以出版著作的有——

劉麗輝著，《顧曉軍及作品初探》，2017年11月出版。

顧粉團合著，《向諾貝爾和平獎、文學獎推薦顧曉軍》，2018年4月初版、2019年1月再版；作者，有石三生、波心投影、無民主、否悟、上蒼有眼、勞力、森林之子、盧德素、風北吹、小人物、貞雲子、東來等等。

上蒼有眼譯，《GuXiaojunist Philosophy（顧曉軍主義哲學【英文版】）》，2018年9月出版。

石三生著，《世界欠顧曉軍一個諾獎》，2019年3月出版。

盧德素著，《顧曉軍主義之淺探》，2020年10月出版。

尚在寫作中、未出版的，還有《顧曉軍傳》、《向諾貝爾文學獎、和平獎、經濟學獎推薦顧曉軍》等。

「顧曉軍獎」，除本身意義外，如同我自己出版長篇小說《天上人間花魁之死》與中短篇小說選《顧曉軍小說》【一】、【二】、【三】、【四】、【五】及《顧曉軍談小說》和《大腦革命》、《公正第一》、《平民主義民主》、《打倒魯迅》、《九月隨想》、《中國新民運》、《貿易戰》等等一樣，皆為旨在打通網絡與現實的壁壘；這個壁壘，是人們觀念的壁壘——總以為，網絡是虛擬的。其實，網絡因有的網站緣於某種原因不再維護、而不能似紙媒永久保存外，效果是一樣的；且，網絡還有傳播快、幾乎免費等優點。

此外，或許有人會覺得，「顧曉軍獎」在有的年頭，一人只獎一千元，是否太少了。其實，十多年前，我每月的退休金才一千多，一年拿出一萬元，已是除了粗茶淡飯，沒添過新衣……為推廣社會公正的新理念，我當算是竭盡了全力。誰不服，可以試試？

這就是真實的「顧曉軍獎」。比我有錢的人，太多了；而肯這般做的，怕是沒有。

2023-8-22

15 我所參與的薄熙來王立軍一案

——紀實·四千八百六十五

見〈薄熙來王立軍案 貪腐不如縣長還被判重刑〉之標題，知薄王案迄今仍有油水（指訪問量），那我不妨換個角度談談薄王案。

一、我爆料王立軍再次網紅

昨，我在〈亦或出版本【顧曉軍紀實】〉中說，如今對網紅啥想都不願去想；可，當初不是這樣，也很不服氣，隨時都在尋找機會、欲東山再起。

真的如陸定一老婆——身陷秦城，卻準確地判斷出「黨內出了大事一樁」（指林彪出事）。

在重慶「唱紅打黑」如火如荼之時，我2012-2-3發表〈王立軍怕是真的要完蛋了〉。而「真的」是針對我之前的預測〈平心靜氣看待王立軍〉，因我平心靜氣，而網友們卻不平心靜氣，跟帖有「強烈鄙視顧曉軍」、「顧曉軍也是個造謠狂」、「你為什麼這麼仇視打黑的人呢」、「請問『中國著名作家、當代思想家』顧曉軍先生：造謠、中傷、誹謗、抹黑，是你的職業吧？以這樣陰暗、齷齪、猥瑣、骯髒、下流的變態心理活在世上，你不覺得很痛苦嗎」等等，太多。

我是不痛苦，第二天就有文〈顧曉軍收下第九批弟子〉等。

那是豐收的季節，我怎會痛苦呢？近文〈誰在炒作司馬南？為何炒作？〉引用2012-2-16文〈百萬人次圍觀最新聞之王立軍〉數據（指當時我的博聯社博客）——

2-10，訪問量 227244、評論數 527（下同）；

2-11，182956、425；

2-12，93378、252（此日博聯社因我博客擁擠而一度崩潰）；

2-13，173110、477；

2-14，149019、499；

2-15，154370、420；

2-16，158733、430。

其間，我又率先發表〈王立軍要叛逃？毛左朋友悲哀吧！〉以及〈顧曉軍最新聞：薄熙來的微妙變化〉等等文章；這下，真的把毛左網友們給徹底激怒了——謾罵的，有之；說是要殺了我的，更有之。

如是，就有了我的〈顧曉軍因爆王立軍料而屢遭政治恐嚇〉、〈顧曉軍爆料王立軍屢遭威脅有生命危險〉等。

隨之，外媒（大紀元新聞網）等跟進（2012-02-15）報道〈作家顧曉軍因爆王立軍料而屢遭政治恐嚇〉「中國著名作家、當代思想家顧曉軍以『最新聞』在博聯社爆料王立軍『秘聞』以來，屢遭毛左、五毛……等圍攻」）。這樣，才漸退潮、直至平息。

二、薄熙來的精明與笨

薄熙來的精明是寫在臉上的。盡管有人相面，說薄熙來「左眼大者，主其人尅妻或虐妻」等；更有人說，「高人早預言薄熙來有牢獄之災」。然，我以為，諸如此類皆屬事後諸葛亮。

薄熙來被吳儀阻擊，當不了副總理……在當時，我們並不知道；而我們知道的，則是——薄熙來從商務部長空降重慶市委書記，並晉升政治局委员。

而薄熙來本人，似也高高興興走馬上任，且不久就掀起了「唱紅打黑」之運動（儼如運動）。

這些，別說我等被蒙在鼓裡，美國《時代》周刊不也將薄熙來捧為「全球最具影響力人物」？儼如一顆正在冉冉升起的政治新星？

薄的好事剛開頭……當時，誰不這麼想？

然而，有的時候、往往事與願違——也許，薄熙來覺得自己的底氣還不夠足，如是便炮製出（或是手下之愚人而為之）〈鄱陽湖底尋寶人發現神秘文字〉，曰「二三獨缺火上恭，五七真龍是秦王，十方降南重開明」，並釋為「讖語之解的關鍵，是：『五七』相乘為『三五』——今日三千五百萬人口的重慶可以當秦王造反成真龍天子（『重開明』即指重慶）」（凱迪網火帖，詳見顧曉軍2011-6-6發表的〈說說中國政治的大迷局〉）。

笨呀！咋能公開講？咋能自喻秦王？咋能明說「造反」？咋能點明「真龍天子」？這些不該有人說破也要掩飾，一如曹操煮酒論英雄、說破天機，劉備驚慌失色、而再巧言瞞過嗎？咋可以不打自招呢？

這真是——有時，過於精明是種笨；而笨，未必不是聰明。

至此，我無法再看高薄熙來，也漸遠離政治；因薄讓我看到了不該看到的，且讓我感到後背心拔涼拔涼。

三、我被孔慶東司馬南「活埋」

我開始退卻。然，薄熙來則開始全面進攻。上面的事、內部的事，自不可能知道；然，表面的事、也不可能沒有察覺，如布置、培育文字槍手。

如今是網絡時代，誰還會去搶佔通訊社之類？只需培育網絡大V、純屬自己人的網絡大V。

這樣就有了——2012年1月19日，孔慶東在自己節目中惹出「狗論」，香港人以「蝗蟲論」還擊（以為香港人真還擊、而不是配合炒作，那就太天真了）。

僅隔一日，2012年1月20日，則是司馬南在美國華盛頓國際機場腦袋被夾。當時，司馬南不是公眾人物，腦袋被夾、算啥？為何報道、大肆渲染？沒法解釋，只有需要可作解釋。

孔慶東、司馬南的突起，我等這樣的人就被「活埋」了。我們被「活埋」在2012年初春尚未到來、不再到來的寥蕭裡。

不僅如此，還有的人不得不被去國。前時提到的余傑，也恰是2012去國的。

那麼，會不會是我冤枉孔慶東、司馬南呢？不會。第一，薄熙來出事後，不瘋傳薄熙來以每人百萬計收買孔慶東、司馬南等，並許以事成後的官職？第二，薄熙來出事後，孔慶東、司馬南等不安分了好一陣？後來才又上躥下跳，當是「說清」了，並退賠了相關的錢；否則，這事沒那麼容易過關。

然，被「活埋」的卻被活埋了，去國的也就去國了。所以，我們與孔慶東、司馬南等的之爭，不是（或不僅是）啥左與右之爭，而是生存環境之爭（盡管孔慶東、司馬南等絕無青史留名之可能）。

這，就是「我所參與的薄熙來王立軍一案」。

十一年了。王立軍進去，十一年了；薄熙來進去，也快十一年了。按說，孔慶東、司馬南等，不都是薄熙來的爪牙嗎？咋會一點事兒也沒有，且更張狂？這，也算是中國的一大奇觀。

2023-2-24

16 「維權」之騙局與活埋

——紀實·四千九百五十六

我曾發起「狂挺鄧玉嬌」，寫下「替死」、「死諫」、「總協調人」等為核心的200多篇文章，被數百萬網友追隨，成為當時的「輿情」中心之一（另一中心為屠夫及浦志強等律師），並於事後編選出擁160篇文章的《狂挺鄧玉嬌》電子書。

此外，還曾經發起及參與了挺通鋼工人、挺林鋼工人，挺唐福珍、挺錢明奇，挺錢雲會、挺烏坎……等等等等。

我一直驕傲地以為，我是一個維權人士。可，後來經歷得多了，再仔細想想，才發現——我竟然是個不折不扣的反「維權」人士。

反「維權」的路，很長、很沈重，以下謹以幾個親身經歷的小故事表達之。

一個維權變質的故事。

2010年底至2011年初，突尼斯發生茉莉花革命；2011年1月28日，埃及又出現了「星期五之怒」……那麼，中國會不會發生什麼呢？這是當時、每個中國人都在思考，也不得不思考的。

後來才知道——海外民運人士劉剛等，在美國發起了中國茉莉花革命（大意。再，當時國內還真有人聽他們的，現在似不行了）。

正當此時，突然出現了「秘密樹洞」。隨即（2011-2-22），我發表了〈「秘密樹洞」驚動了黨〉，匯總了當時的信息。這篇，當時很火，訪問量特高。

加個小插曲。當時，網上正挺錢雲會；然，我總覺得氣氛很詭異，且覺著楊恒均在搗鬼、密謀著什麼；2011-2-8，我始發表〈楊恒均的臥底、線人身份之簡析〉等。

2011-2-27，又發表〈冉雲飛被李悔之釣魚送進了班房〉，文章介紹石三生的發現——楊恒均的頭號跟班李悔之，假裝到成都遊山玩水，找冉雲飛等玩，博客上還發了和他們在一起時拍的照片；隨後卻又刪除，而發文〈四川反動作家冉雲飛被正式刑事拘留〉。

會不會我的感覺不對、石三生也搞錯了？不。一，李悔之的四川之行，被抓的不止一人。二，楊恒均到山東，石三生進去吃了兩天盒飯；楊恒均到南京，我原單位領導也被談話。領導還讓朋友給我透話，說：叫我找顧曉軍談，不給政策，不幫人家解決問題，我怎麼談？

我發文後，楊就自己玩「失蹤」。2011-3-29，我再發〈笑談楊恒均玩「失蹤」〉等。

隨後，艾未未被抓。為何要抓艾未未，實在想不明白。我清楚地記得——艾未未，是反對茉莉花革命的；還說過，茉莉花的名字不好，不如叫「天花」、「麻花」。

「天花」、「麻花」，肯定是揶揄、甚至是詛咒茉莉花革命。可為何要抓艾未未？一時，我想不明白個中的道理。

然，網上的挺錢雲會，已變成挺楊恒均，再變成挺艾未未。

如是，於2011-4-6，我發文調侃〈黨炒作艾未未是拐著彎封殺顧曉軍〉等。

調侃歸調侃，該挺的、還是要挺。隨之，我又相繼發表了〈艾未未被抓隨想（組圖）〉、〈是黨在有意炒作艾未未〉、〈黨就艾未未事件與我「躲貓貓」〉、〈請黨保全艾未未的政治人格〉、〈黨別把艾未未炒成了錢雲會〉、〈司馬南等著艾未未告你誣陷罪〉、〈王朔丫的使壞 唆使黨抓艾未未〉、〈艾未未藝術作品賞析（組圖）〉、〈解讀艾母高瑛接受香港專訪〉等百篇余很有影響的文章。

記得，當時在加拿大的51網站上，艾未未的家人（不知是艾未未的哥哥還是弟弟）特地上來跟帖，說是感激我。

說實在，上世紀八十年代，我在寫小說的同時，也搞過文學藝術評論；因此，我對艾未未的《一虎八奶圖》、《兩只自由的小鳥飛翔在紐約》等的評論很到位。沒想到，好事跟著來了——臺灣東森新聞首發的〈【一虎八奶圖】諷黨中央〉，被《蘋果日報》、《聯合報》等百余家媒體轉載；而文章最後，說「中國著名作家顧曉軍」如何評論（在這之前，我只被稱作「中國知名作家顧曉軍」）。啥意思呢？人擡人高——「中國著名作家顧曉軍」如何評論艾未未，艾未未自然就顯得更重要。

一切似很正常。但，我從中發現了不正常——艾未未仿圓明園十二生肖獸首製作的玩意，不就是贋品嗎？贋品咋能說成藝術品？又咋能賣幾十萬美金？還說那是艾未未人生的第一桶金。有誰會要？不會是自買自賣吧？

此後，全世界媒體為艾未未「維權」，直到艾未未被拘81天後放出來。放出來後，又出現詭異——艾未未稅案——845萬（補稅和滯納金）+677萬（罰款）=1522萬。

不知為何，艾未未要通過網絡、向網友募捐？當時，我沒多想，就捐了100元人民幣（其實，那時我很窮），還發文〈艾未未欠我100元〉：「帶著微笑與自豪，我將100元，連同我的/良知與公正，一起交給/郵局//100元，是40斤大米、是我和沒工作的/太太的、這個月的/口糧//……而我要向藍天、白雲、電波，通過/電波，向世界宣告……//我用100元，購了一張通向明天/通向——公民社會的/船票」。

通過網絡募捐，艾未未籌集到了800多萬。當我們正為艾未未還差700多萬焦慮時，艾未未卻用籌集到的800多萬去交了稅款；而後，就沒事了。開出1522萬罰單、想整死艾未未的稅務，咋會放過他呢？

我陷入沈思——艾未未有兩套高檔住宅，為何向窮鬼們募捐？為何把窮鬼們的800多萬交上去，他艾未未就沒事了……聯想到——挺錢雲會，變成挺艾未未；茉莉花，變成「秘密樹洞」；「天花」、「麻花」，卻被抓、成了「維權」；仿製獸首的贋品，成了藝術品；一文不值的贋品，居然拍賣出幾十萬美金……突然，我終於明白了：大家都上當了——艾未未的「維權」事件，其旨在耗盡追求民主的人士的熱情，同時掏空大家的口袋。

我，第一次厭惡「維權」，厭惡這樣的——「維權」騙局。

第二個維權變質故事。

陳光誠「維權」剛出，新聞〈陳光誠逃亡全記錄 細節堪比大片〉、〈陳光誠下落 美使館不評論〉等一發出來，我即發表了〈質疑陳光誠〉（2012-4-28）等文章；我的質疑，受到了廣泛的支持，如網友李謙等跟帖，「閉眼逃亡現坦途，睜眼必然被捉」等。

其實，不僅我質疑陳光誠，石三生也不信陳光誠的逃亡故事，發表了〈陳光誠大逃亡證實瞎子也會飛〉，道「一直以為吾師顧曉軍先生的文筆出神入化，有神鬼莫測之功……今天卻栽了！栽得一塌糊塗」，「盲人律師陳光誠用看守打水的十秒鐘的時間差，翻越第一道牆，之後又穿過至少7道障礙，穿過一條河，摔了幾百個跤，大腿受傷，渾身泥水，聯繫上珍珠，被珍珠開車接走。整整4天之後，看守才發現陳光誠不見了……」

4天後才發現不見了？這究竟是看守他、還是故意放走他？只怕只有編導這騙局的人才知道。

陳光誠維權，穿幫重重——第一假，假逃脫：不去說看守、不去說4天之後才發現，單說10秒之內徒手翻越4米高牆，別說是盲人，即便正常人、甚至運動健將，也不可能做到；因為，人類的跳高記錄、迄今沒人超過2.5米。第二假，假盲人：滕彪的文章〈臨沂計劃生育調查手記〉介紹陳光誠，說「他知道哪一株月季是黃的，那一株是紅的……他會操作電腦、傳真機、複印機」。知道一株月季是黃的、還是紅的，這還是盲人嗎？是盲人，又怎麼在使用傳真機及複印機時、區別正面反面？第三假，假律師：資料介紹陳光誠「18歲前未上過學……1989年入盲校，2000年畢業於南京中醫藥大學，同時自修法律」。11年時間，怎麼完成小學6年、初高中6年、兩個大專相加約6~8年，總計18~20年的課程？退一步講，就算他能完成；律師，是需考律師資格證書的。陳光誠，究竟是擁有中國的律師資格證書呢、還是擁有美國的律師資格證書？

其實，陳光誠維權的背景是驚天動地的王立軍事件。2012-2-9，我發表〈王立軍自己走出美領館？〉，開篇就介紹「顧曉軍最新聞：美國國務院證實王立軍去過美領館。文章道：美國國務院2月8日證實，中國重慶市副市長、原公安局長王立軍本星期曾去過美國駐成都總領事館，後來『自願』走出領館」。

大家知道——王立軍是與薄熙來鬧翻了，怕薄熙來滅他的口，所以帶著大量情報逃進了美國駐成都總領事館；如此，王立軍怎麼可能「自願」走出領館呢？他不怕薄熙來滅他的口嗎？

顯然，是因王立軍身份特殊，薄熙來地位更特殊，奧巴馬、希拉里等，既想要情報，又不想惹大陸；如是，不斷電話協商，最後協商出了這麼個辦法——複製了情報，而後讓王立軍「自願」走出領館。

可，讓王立軍「自願」走出領館，美國的人權、維權形象就都徹底崩塌了。怎麼辦？如是，「維權」高手們，便設計出了陳光誠事件，讓希拉里把陳光誠同機帶回美國；這樣，可多少掩蓋些王立軍事件，挽回點影響。

這就是陳光誠維權的背景。如此，還管他是真逃脫假逃脫、真盲人假盲人、真律師假律師嗎？

自從我質疑陳光誠以來，得到過很多很多網友的支持，甚至包括劉剛；劉剛在他的〈顧曉軍是先知先覺〉（2016年3月19日）中道，「我早在陳光誠飛躍大西洋的時候就聽說顧曉軍的大名了」，「……方才發現，這個顧曉軍還真是一個先知先覺、大智若愚的理論家、思想家！他的許多想法、預言、分析跟我是英雄所見略同，而且有些是要比我更超前一個位相。比如，他對艾未未的認識，對……的分析，都同我相同，但他比我更早得到這種結論」，「有時候，顧曉軍是先於我說出他對這些人的看法，說出了我想說還沒來得及說的話」等。

當然，也有網友說我打橫槍，指槍口朝向同一戰壕的戰友。

其實，這些網友不知道，或忽略了——陳光誠維權，讓陳光誠在美國成了「維權英雄」，陳光誠的一大家子、老老小小，幾乎全都到了美國；而陳光誠維權，對中國的老百姓、對中國需要維權的普通人又有啥幫助呢？

沒有，沒任何幫助。這就是老一輩所謂美國的「中國通」、如費正清等「大師」的愚蠢。這些豬隊友們，不會明白：判例法與成文法有別——美國，用的是判例法，需諸如陳光誠這樣的所謂「維權英雄」，作今後判案的比照。而中國，用的是成文法；因此，造再多的陳光誠，於普通老百姓沒有絲毫幫助。

陳光誠，最大的用處，也許就是——在他成名以後，到臺灣去，面對著歡迎他的蔡英文等說，「臺獨已過時了」。

我從未支持過「臺獨」，但也對「臺獨已過時了」深感無語。這就是一個所謂「維權英雄」，給交出來的「維權」之騙局的答卷。

第三個維權變質故事。

2011年，網友華夏黎民黨針對新聞〈諾貝爾評委透露，未來幾年很可能有來自中國的獲獎者〉（2011-10-03），向諾貝爾和平獎推薦顧曉軍（非我一人，顧曉軍為14人之一，排第六）。2012年，石三生向諾貝爾和平獎推薦顧曉軍（這回只有我一人），波心投影向諾貝爾文學獎推薦顧曉軍（也只我一人），隨後是顧粉團及普通網友風起雲湧向諾獎推薦顧曉軍。

這時，突然出現了人造的巴基斯坦的馬拉拉・優素福扎伊。為何說是人造的呢？其一，說是受BBC之邀寫博客，沒有任何人看得到、更不知寫了啥。其二，既沒人看到，塔利班是咋知道的？又為何專門攔截校車、槍擊馬拉拉？其三，塔利班槍手既是近距離對準馬拉拉腦門開的槍，哪能打不死？就算打在了左眉骨上，那不也得腦袋開花、腦漿四濺？為何馬拉拉送醫途中的照片上、蓋在左眉骨上的那塊小紗布上竟沒有一絲血跡？其四，隨後馬拉拉的父親（一私立小學校長）給馬拉拉發「首屆國家青年和平獎」，這不是欺世盜名？一所小學校長能發全國獎嗎？而聯合國秘書長潘基文竟踩著節拍尾隨，於2012年11月10日，在聯合國為馬拉拉設「馬拉拉日」。而後則是美國《時代》周刊，於2013年初將馬拉拉入選「年度風雲人物」。

顧粉團實在看不下去，紛紛寫文章要驗傷。

然，顧粉團卻一再受打壓、且遭政治構陷；正因如此，顧粉團名聲大振。如是，2013年，馬拉拉及背後的人夢寐以求的和平獎泡湯。

然而，就在歐盟獲獎的第二天——2013年10月10日，奧巴馬夫婦竟然站臺，在白宮橢圓形辦公室接見馬拉拉。隨後，2013年10月18日，英國女王伊麗莎白二世也出來站臺，在白金漢宮接見馬拉拉。2013年馬拉拉沒獲獎，奧巴馬夫婦、英國女王伊麗莎白二世，為何接見她？顯然是原以為能獲獎，事先安排好了，不好改；這樣的大人物的時間表，咋能隨便改？

換言之，名不見經傳的顧粉團，挫敗了能請得動奧巴馬夫婦、英國女王伊麗莎白二世的、馬拉拉背後的眾精英。

當然，顧粉團終究不是這些精英的對手。延遲了一年後的2014年10月，馬拉拉終於獲和平獎。

馬拉拉獲和平獎了，有名氣了，該回報聯合國了；聯合國，趕緊設立「馬拉拉基金」。那麼，誰在這支基金中主事呢？就是編造馬拉拉2009年1月3日受BBC之邀寫博客時、任英國工黨首相的戈登・布朗。

精英（或曰白左），就是這麼玩弄大家、玩弄世界，且欲這麼一直玩下去；他們怕我的「平民主義民主」會因諾獎而成氣候，所以參與圍剿我。

簡要介紹經過後，再略作舉證——當時，所謂馬拉拉遭槍擊，居然有四五個版本；而最為流行的，竟是——「槍手當面開槍，子彈從馬拉拉的眉骨處進去，從耳背穿出；再從肩膀上又進入體內，而後從腋下穿出」。當年，我的文章質問：「一、請問子彈會拐彎嗎？二、彈孔射在眉骨處，當避不開大腦，腦殼會開花、腦漿會四濺，結果只能是當場斃命。三、退一萬步說，就算恰巧避開了大腦，從彈道學講，近距離射擊，子彈入口處是一彈粒直徑的彈孔，而出口處會掀掉一大塊，至少也是一雞蛋大小、血肉模糊的血窟窿。四、子彈射入眉骨，必然會血流如注；然，網上馬拉拉送醫途中的照片上，她眉骨上只擱了一塊豆腐乾大小的紗布、且紗布雪白乾淨、沒一絲血跡。五、子彈射入馬拉拉眉骨，正常的話她會當即昏迷；然，網上她被送醫途中的照片上，馬拉拉正大睜著兩眼，看攝影師給她攝影」。

明眼人一看便知，造假！當時，顧粉團的石三生、無民主、森林之子、天馬行空、勞力、盧德素、風北吹、蒼山有月、貝車、東來、小人物、馬世平、美好願望、cnm、mzhp、馬拉是騙子等朋友，義憤填膺，設立《看角逐諾貝爾和平獎的小騙子馬拉拉究竟是啥貨色（專題）》，奮力狙擊。

顧粉團的文章有——〈子彈射在馬拉拉身上會拐彎〉、〈女騙子馬拉拉：中槍的彈痕在哪裡？〉、〈馬拉拉是騙子〉、〈民主派不該編造英雄〉、〈維權是一個個騙局〉、〈請潘基文關注馬拉拉被槍擊案的荒唐〉、〈請諾貝爾和平獎評委關注馬拉拉作弊〉、〈請潘基文下令徹查馬拉拉被槍擊案〉、〈請諾貝爾和平獎評委關注維權騙局〉、〈請潘基文關注Malala Yousufzai案的第四個版本〉、〈請潘基文關注Malala Yousafzai的維權騙局〉、〈讓巴維權少女出局〉、〈請諾貝爾和平獎評委對比顧曉軍與馬拉拉〉、〈從對顧曉軍的封殺看精英們的「神奇」〉、〈從馬拉拉說謊看其商業蛋糕有多大？〉等等。

這些文章，還編輯成本電子書《馬拉拉是騙子》（文章110篇，字數136926字）。

正當顧粉團為人造馬拉拉事件、與世界偽民主精英們打得昏天黑地時，曾有人帶話、告饒，說新疆某集團（公司），為馬拉拉的書出資數百萬，原以為能賺上千萬，現在已血本無歸。

起初，我們真沒在意、以為假的，當看到百科說「馬拉拉・優素福扎伊於2013年秋天出版了個人回憶錄。該書名為《我是馬拉拉》（I Am Malala），由英商魏登菲爾德和尼科爾森書局在英聯邦地區發行，世界其他地區劃歸美商利特爾布朗。《衛報》說，優素福紮伊據信拿到了200萬英鎊（約合人民幣1888萬元）的預付稿酬」時，誰還能不信？

這就是一場場所謂「維權」之騙局中的一個個經典的把戲。

而除艾未未、陳光誠、馬拉拉外，韓寒也該算一個吧？他雖不屬「維權」系列，但、不也是美國《時代》周刊打造的當年「全球最具影響力100人」嗎？而在韓寒代筆敗露後，他則被海外人士評為——有史以來中國文壇上最大的詐騙案。

而「維權」系列，至少還有高某某（留點面子，就不點全名了。下同）、王某某、郭某某……等等等等一大批。

於維權的貢獻，假如我是第二（不好說自己是第一），可、一旦造出一個「英雄」，我不就成了第三？而再造一個，我則又成了第四；還造一個的話，我更退居到第五……如果無休無止地人造，於我而言，這難道還不是一種地道的活埋？

所以，我必須說——我並不反對維權。然而，維權的基礎，只能是真實的，且每一步都應該是實事求是的。這，不僅是為了大家都不被活埋，更是為讓被侵權的人們都能獲得真正的維權的機會。唯有這樣，這世界才有公正。

2023-7-19~22

17 「顧門弟子」之歲月

——紀實・四千八百九十八

在〈舉證維基百科封殺「顧曉軍」〉一文後，網友跟帖「那些文章，是不像年輕人的閱歷能寫出來的。不過你老顧有病啊，砸韓寒」，我回「那叫小罵大幫忙」；其實韓寒在網絡上倒掉，既在於我挖出韓寒為代筆，更在於他自己〈談革命〉、〈說民主〉、〈要自由〉之暴露。

那網友又跟帖「你可說出你們民運的心裡話」，我回「『你們民運』？想搞死我，誰派來的」；另一網友跟帖「你們是自己搞死自己的」，我笑了，道「我又不是民運」。

在網絡上玩，當謹記：一不能有野心，二不能玩組織。這也算是經驗教訓。

〈「網絡作家圈」之奇遇〉說，2006-7-6，新浪送我「網絡作家圈」；玩得挺好，最多時擁七萬余眾。故，沒多想。

2010-3-26，便玩起了〈顧曉軍發起：中國網絡民評官100人評議團〉。別說，發起後便有石三生、手術刀、替黨說話、水過河、你是我、聽竹軒主、畢文章、山寺仙妖、大吼一聲、桐心桐德、謝仕彬、兵不血刃、無名士、馭民寶典、黃藥師等等不斷加入，尤其〈【大吼一聲】捧場【顧曉軍】「網絡評官」〉一文，被海外媒體「中國數字時代」轉載。

2010-4-11，有文〈從石三生被談話看韓寒及『寬容』派〉。那時不懂，現在看來——石三生被「喝茶」或與「民評官」有關。為何？咱不覺得，人家能不忌憚組織？

在「民評官」之大旗豎起的近兩年時間裡，我率眾經歷過的事件，至少有「批『寬容』大討論」、「揭露韓寒」、「批余含淚」、「挺錢雲會」、「2010，創立『【顧版】中國百名公共知識分子』」、〈中國網路第一間諜戰：顧曉軍楊恒均之爭〉（石三生文章原標題）、「挺艾未未」、「挺烏坎」等等。

其中之艱難、困苦，既無法想象，更無以言表。最終，終於漸漸明白過來了——在中國網絡上，不可以玩組織。

嗨，早說呀！早說，不這麼玩，不就得了。2012-1-6，發〈顧曉軍招徒公告〉；因確有網友聲稱「拜先生為師」，我遂想到「對呀，不讓搞『中國網絡民評官百人團』，可沒說不讓我招徒、收學生……這總不是搞組織」。如是，決定仿夫子、孔老前輩，開山門、廣收弟子。

2012-1-9，有〈顧曉軍收下第一個徒弟〉，記錄「從即日起，俺老伍正式拜顧曉軍先生為師！其實，自從在網上認識了老顧，俺老伍就在心裡拜顧老英雄為師啦！謹此，獻花、敬茶、鞠躬、叩首，向顧大俠行拜師大禮……伍彩旗飄揚」。

2012-1-10，又有〈顧曉軍收下第二批徒弟〉，記錄「俺，易水悲歌，在此鄭重宣布，從即日起拜顧曉軍先生為師，向先生敬茶，鞠躬，懇請先生恩準……膺服先生的思想，嘆服先生之文筆，從博客中國到雅典學園，老師博文每篇必看。一日不見，如隔三秋……忝列門牆，三生有幸」，另，有「顧先生大鑒：後生小勇，仰慕先生，欲投門下為徒。先生之文章、為人，可為天下楷模，學生頂禮膜拜，並願效之。附學生文章……余小勇」。

2012-1-11，還有〈顧曉軍收下了女弟子〉，記錄「52小草：『俺是顧老師的鐵桿粉絲，找您找得好苦，為拜師專門註冊進來的，請老師收下俺……』。另，有說不是罪「我是女徒弟……我來做你忠實的仆役……我在博聯社的實名博客是『陳賢萍的博客』」。

2012-1-12，再有〈顧曉軍又收下女弟子〉，記錄「貞雲子：『顧老師：您好！我也想拜您為師！我是貞雲子……我一介弱女子，也不禁熱血沸騰，願效前人、鞍前馬後！獻花、敬茶、鞠躬、叩首！再叩首』」。

2012-1-15，有〈決定再收三弟子〉，記錄「收半文盲為顧門弟子，望他人別冒充我弟子」（其時已有冒充者也）。該文，記錄收半文盲、不見過、無民主為顧門弟子。

2012-1-16，又有〈昨收三弟子，今又收四弟子〉，記錄收「雪絨花、否悟、戲看浮雲、黑龍騰飛」為弟子。同時，記有弟子亂解釋我文。後有論及。

2012-1-22，還有〈顧曉軍收下第五批弟子〉，記「山寺仙妖：『小妖聲明拜顧曉軍為師……』」、「一劍三飛：『顧先生收徒弟，後學一劍三飛，特作此文，以表拜師誠意……願拜在顧老先生門下，學習行文思路和為人處世……先行拜師禮，叩首，茶水奉上』」。

2012-1-28，再有〈顧曉軍收下第六批弟子〉，記「覺醒『顧老師：您好！我是覺醒，喜歡文學，85年出生……』」、「大雨小草『拜於顧曉軍門下了！師傅！請收下我！』」、「羅大維『學生是專攻攝影的，也想要報名，做老師的一名學生……』」，另「有些不堅決的，我沒收」。

2012-1-29，有〈顧曉軍收下第七批弟子〉，記「guoguoqiqi：『願拜顧先生為師，鄙人郭琪，87年生……願先生不棄，願盡弟子之責任，敬茶、鞠躬、叩首！感激涕零！！！』」。2012-1-30，又有〈顧曉軍收下第八批弟子〉，記「邱復興，85年生……」、「蔡敏士『過四十天，就六十六了！聞道不分先後，與時俱進就好。願入師門，晨昏受教。大徹大悟，死而無憾！』」。2012-2-4，還有〈顧曉軍收下第九批弟子〉，記「牛皮『……願加入顧曉軍弟子』」等。

不足一月，「顧門弟子」已收數十。此後，發帖、跟帖、電郵等，絡繹不絕。每日，皆有；最多日，竟達數百人……更有大名鼎鼎之網紅石三生，亦拜在門下；其他，有的是北大博士，還有是……見諒，又不便說了。

自然，亦有人反對，大呼「像幫會」，更有文批「表達敬意之情應該是人家自己甘心情願的，可顧某借招徒索賄就讓人看不起」等。其實，我一分錢都沒收過，不過是賣個破綻——找罵。果真，培養起一批反對者。如是，「顧門弟子」一時間成網絡熱點。

十多年過去了，也有當時不便說、如今能說的——這就是，「顧門弟子」最多時，有數千之眾。當時，確實不敢說，只說數百人。

就算數百人，也嚇壞了某些人。2012-6-18，〈究竟要我做什麼〉記錄「半文盲還揭露馬曉霖、李丹等是『杏花社』的」（注意，『杏花社』之諧音，即——新華社）。

啥意思呢？就是——為了搞垮「顧門弟子」，某些人策動「『顧門弟子』嘩變」，搞打進去、拉出來之術，還派了不少時評名人加入（許有的是真心加入的）；反正，最終的目的是要形成「反顧大合唱」（此亦為原話）。

那時，「顧門弟子」影響確實大。比如，因新浪微博封殺「顧曉軍」，有網友竟註冊成「寄存櫃看顧曉-軍」。再如，我文章一貼出、就有人翻譯成英文貼到海外去。還如，廣交會場館內居然豎著「著名作家 思想家顧曉軍——公正是第一價值觀」等展牌。

正因如此，才會有人送「顧曉軍粉絲團」（簡稱「顧粉團」），造「顧粉團8.30政治大冤案」（見〈顧曉軍粉絲團，風風雨雨這些年〉）。

那麽，「顧門弟子」做了什麽，或曰經歷了什麽呢？太多。我翻閱了舊文，只挑出兩件說說。

一、重新審視艾未未。2012-7-30文，「Emma，在我的〈探討中國的維權之路〉一文後跟帖道：『艾嬸住著望京大西洋新城和朝陽公園棕櫚泉兩處豪宅，卻讓窮鬼們給他集資，正如顧老師說的，艾未未『借』的800多萬，已經掏空了中國追求民主的人士們的財力與信任。和顧老師一樣，何清漣老師對維權人士也沒什麼好感。謝謝顧老師為我們指點迷津，顧老師不愧為是人民思想家，顧老師在幫我們練就火眼金睛，辨明是非』」。

其一，當時Emma與何清漣還沒鬧翻。其二，艾未未「借」網友800多萬還罰稅，不就是某些人派員混進「顧粉團」、搞的那啥「集顧粉之資做生意、發大財」的預演？而郭文貴遭控詐騙10億美元在美被捕，不也就是艾未未「借」網友800多萬的翻版？

忙搞錢，談啥民主、維權？純屬打著民主、維權的幌子詐騙。

二、揭露陳光誠。如今，陳光誠在美國已混得人模狗樣；然，他從中國的出逃，依然是無可辯駁的弄虛作假——陳光誠既是一盲人，他如何躲開眾多健全人的24小時的嚴密看守？又如何在10秒內徒手翻越幾乎是撐桿跳高高度的4米高牆？還如何逃進由中國警衛嚴密把守著外圍的美國大使館……再，陳光誠18歲前是文盲，他又如何在短時間內完成從掃盲至大學的學業？還有，既是盲人律師，在大陸沒有律師證、律師資格，他又如何替他人維權？

所有這些，沒人能回答。然，我能答——其一，王立軍逃美領館被拒丟了美國民主形象，所以要用美國務卿來訪接走陳光誠找回感覺。其二，用陳光誠事件的高曝光封殺「顧門弟子」發起的向諾貝爾和平獎推薦顧曉軍。

然而，如此弄虛作假傷害的——則是中國人、中文網上的人們，對美國民主的信任。「顧門弟子」，也從此明白了——中國偽民主們，與美國的假民主們，就是要合夥、合作——把「代筆」的韓寒推上美國《時代》周刊的100名影響世界的人物，把守著兩處豪宅卻向窮網友集資「借」走800多萬的艾未未推上美國《外交政策》的100名思想家，用陳光誠高曝光、甚至不惜搭上美國務卿……從而遮掩真正具有思想家能力的顧曉軍的光芒，以便能一如既往地繼續愚弄民眾。

然，「顧門弟子」也不是吃素的。正是這一年，「顧門弟子」開始了「向諾貝爾和平獎推薦顧曉軍」，並僅在2012年這一年之中就完成了235篇推薦文章，而成為中文網上及諾貝爾獎推薦史上的一大奇觀。

「顧門弟子」，因被人下了「顧曉軍粉絲團」與「8.30政治大冤案」的套，及我「爆料王立軍」火爆後精力不濟（那時「顧門弟子」已有數千人，而博聯社等博客各文後的拜師跟帖起碼還有幾百，我都沒有回；若回，怕還會源源不斷出現），更因「杏花社」

策動的「『顧門弟子』嘩變」等等，我怕出事，怕眾弟子被構陷、栽贓而釀成大事件，只好淡出「顧門弟子」、啟用「顧粉團」。

如此，「顧門弟子」才漸漸消失於歷史的塵埃中。然，「顧門弟子」還有件值得紀念的事，這就是——在「顧門弟子」最轟轟烈烈的日子裡，有人邀我加入共濟會（中國）。因共濟會分明是個跨國組織，我只能是婉拒。

試想，如果我加入的話，現在怕是早已富甲一方了（前時，有文章說，郎朗等是共濟會成員）；那麼，「顧門弟子」或曰如今的「顧粉團」的朋友們，日子也該好過了許多，是不是？當然，也可能加入的話，我或早已進去，或早不在人間了，均未可知也。

如此的話，那還是不加入的好、不玩組織的好。至少，我如今還可以在回想「顧門弟子」那往日的輝煌中，安度晚年、頤養天年。

當年的「顧門弟子」們，你們還好嗎？我謹遙祝你們，身體健康、學業有成、事業興旺發達！

2023-3-24~30

18 顧曉軍粉絲團，風風雨雨這些年

——紀實・四千七百六十四

昨天，是我生日，69歲生日。按民間說法，過九不過十，尤其是大生日。換言之，昨天，是我的七十大壽。

然，顧粉團裡、靜悄悄的。這不是大家沒有問候，而是都在私下裡祝賀，有的還送了禮物……

當然，這一點都不能怪大家。說到顧粉團，許有人以為：顧粉團最有名的，是「向諾貝爾和平獎、文學獎推薦顧曉軍」——不僅持續好多年，且聚集了2600多篇文章，還出版成了書，並再版、加印等。

其實這是大錯特錯。顧粉團最有名的，不是「兩個推薦」，而是「8.30政治大冤案」。

「8.30政治構陷大冤案」

那時，我早已網紅，但不會玩QQ群。如是，有網友送來個命名為「顧曉軍粉絲團」的QQ群。

也好，那按QQ群規矩、安排管理員。一切弄停當，覺蠻方便，心中竊喜。

忽，一日深夜，一位管理員急急忙忙找到我，說誰誰誰、剛給他發了信息，說「海外來人了，上峰已到，要名單」；問我，咋辦。

能咋辦？當時，雖還沒有「海外勢力」一說，可、老電影中不常有「海外來人了」或「上峰已到」？如果真傻乎乎地列個名單，那就是「組織」、那就是勾結，那就害了自己和一群粉絲。

趕緊、寫文章，把一切公開在網上，真金不怕火煉、是不是？且，明確指出——這是一種構陷。

我，一篇又一篇地寫；顧粉團的朋友們，也一篇篇地寫……後來，旁觀者也看不下去，都加入進來、也寫，聲援……最終，這事才終於不了了之。

這麼多年過去了，很多細節記不清了；反正，當時是心驚肉跳、屁滾尿流……如果不是當即在網上公開自辯、洗白，怕早真出事了。

當然，也許該感謝「8.30」。如果沒有「8.30」事件，或許顧粉團的「向諾貝爾和平獎推薦顧曉軍」，就不會如火如荼；也許，大家想通過「兩個推薦」、為我加層保護。

當時，為「8.30」辨白的人都加入進來，尤石三生最猛；也因此，石三生成了「兩個推薦」的領銜者。

「8.30」，知道的人較多。其實，還有些大家不知道的；如今想想，依舊心驚肉跳、後怕無比。

如，「8.30」之前、顧粉團剛建成不久，有人建議，由我來挑頭，顧粉團的朋友們、大家集資，委派人做生意；有財，大家一起發。

當時，都窮，集眾人之力做生意，沒錯；可，按如今眼光看——其一，集資怕已犯法。其二，誰會做？當是提案者。把錢交給他、跑了，不就是網絡詐騙？那就既害了自己，也害大家。

唉，人生處處有風險！而網上的風險，更大，更意想不到，也更驚心動魄。

可，顧粉團、咋維持？大家滿懷熱忱地寫「兩個推薦」，我、又能給大家些怎樣的慰藉呢？

如是，不經意間搞出了個「顧曉軍獎」。獎啥呢？獎錢，五萬十萬地給。可，我哪來錢呢？等獲得了諾貝爾獎再兌現。這，不是空頭支票嗎？是的，但、大家在熱情中、願支持我，也願接受空頭支票。

唉，中國人，真是最善良、最最善良的。

慘淡經營

大約搞了兩期（一期為一年）空頭支票獎，我實在於心不忍，便自掏腰包、一年拿出一萬來，改現金獎——少的，一人一千；多的，也只三四千。

一千，是不多。可，當時、我每月的工資才一千多。省吃儉用，一年才存一萬，我全發掉了。

大家知道，我太太沒工作。且，當時她膽還不好；而我，胃不好。那時，幾乎是——她，是天天青菜豆腐；我，是頓頓城面菜葉。

顧粉團面子上好看，卻真的是慘淡經營。

曾經的輝煌

好，喪氣的話、不能多說。說說顧粉團曾經的輝煌、牛逼，都牛逼成啥樣。

顧粉團，曾有十三個縱隊。單82（人名、戲稱）一人就指揮三個團，且、都是大團、千人團。

這，還不包括早期、在新浪「網絡作家圈」的、七萬余眾。

也不包括，粉絲網上的、一百多萬之眾。

如果，82管的三個團，可以算作一個師；那、一百多萬，豈不相當於四野？

何況，顧粉團還有那實實在在的、2600多篇「兩個推薦」文章，還出版成書，還再版、加印。

之前，還有「打倒魯迅」時，網絡人自發的、要「打倒顧曉軍」的罵文；而這麼多人肯罵你，不都是「反粉」、反著「幫忙」的？

所以，無需人審，我自己都會問——過去有嘯聚山林一說，而你、這不是嘯聚網絡嗎？啥意思，想造反、翻天？

好在，一切已成往事。

2022-8-13

19 向諾貝爾獎推薦顧曉軍紀實

——紀實·四千九百五十三

向諾獎推薦顧曉軍，始於2011年，是向和平獎推薦顧曉軍。

起因，是海外報道了〈諾貝爾評委透露，未來幾年很可能有來自中國的獲獎者〉（2011-10-03），「一位為諾貝爾和平獎評選委員會工作的瑞典學者，在記者詢問今年的諾貝爾和平獎花落誰家的時候，他說知道也不能說……但他強調，未來幾年，很可能還有來自中國的候選人獲此殊榮。」

因此，華夏黎民黨針對上述新聞，隨即發表文章，提出四項原則，列出一個14人的推薦名單，顧曉軍列第六位。

2011年獲得和平獎的，是埃倫·約翰遜·瑟利夫、萊伊曼·古博薇、塔瓦庫·卡曼，「表彰她們為女性安全以及女性全面參與和平建設工作權利所做的非暴力鬥爭」。

等了一年，2012年獲得和平獎的是歐洲聯盟。如是，石三生不願再等待，於2012-09-08發表〈致諾貝爾獎評委會的公開信〉，向和平獎推薦顧曉軍。

隨後，石三生又發表了〈致諾貝爾獎評委會的第二封信〉（2012年9月15日）、〈致諾貝爾和平獎評委會的第三封信〉（2012年9月16日）；接著，波心投影發表了〈致文學諾獎委的第一封公開信〉（2012年10月9日）、〈致文學諾獎委的第二封公開信〉（2012年10月10日）、〈致文學諾獎委的第三封公開信〉（2012年10月12日）、〈給文學諾獎委的第四封公開信〉（2012年10月13日）；緊接著，無民主發表了〈公正或從質疑諾貝爾文學獎開始〉（2012-10-14），皆如題向諾貝爾獎推薦顧曉軍。

此後，是石三生〈致瑞典國王的公開信〉（以下不再標註發表的具體日期）、〈致瑞典國王的第二封信〉、〈致瑞典國王的第三封信〉，冷靜去思考〈顧曉軍當列全球百位思想家之首〉，石三生〈致【外交政策】：顧曉軍才是當之無愧的思想家〉，波心投影〈推薦中國顧曉軍列入「全球百位思想家」〉，冷靜去思考〈顧曉軍當屬全球百位思想家之首（二）〉，開口〈顧粉團聊天日誌【10-23】「推薦顧曉軍」〉，石三生〈致【外交政策】：「公正是第一價值觀」領先全球〉，豬八戒〈致美國【外交政策】雜誌關於「全球百位思想家評選活動」的一封信〉，無民主〈論顧曉軍先生——給【外交政策】〉，否悟〈期待公正的再勝利 看顧曉軍先生和【外交政策】〉，石三生〈致外交政策：思想家需要前瞻更須影響力〉，開口〈顧粉團聊天日誌【10-24】「顧曉軍才是當之無愧的思想家」〉，天馬行空〈致【外交政策】的推薦信〉，開口〈顧粉團聊天日誌【10-25】發起「推薦」第二波！〉，石三生〈致外交政策：「公正是第一價值觀」是普世價值〉，波心投影〈致外交政策：給「平民主義民主思想」一點陽光〉，森林之子〈致外交政策：顧曉軍當列入全球百位思想家（一）〉、〈致外交政策：顧曉軍當列入全球百位思想家（二）〉、〈致外交政策：「公正是第一價值觀」是鏟除拉登之流的土壤〉等等。

換口氣。以上，是按顧粉團收集的文章目錄為序；同時，也是收集到的網友文章發表的時序。

以下，一、對展現的推薦文章標題略作選擇，二、新人的文章才標註作者。

〈顧粉團聊天日誌【10-26】顧曉軍當列入全球百位思想家〉、〈「公正是第一價值觀」思想理論與日月同輝〉、〈顧曉軍先生當列全球百位思想家〉（陌上秋霜）、〈致外交政策：草泥馬是國罵是垃圾不是思想〉、〈致外交政策：莫學【紐約時報】繼續出洋相〉、〈問外交政策：你們真關心中國人的命運嗎？〉、〈論【外交政策】雜誌的出版商〉、〈論「全球百位思想家」的評選編輯〉、〈致【外交政策】：中國網民渴求公正！〉、〈TO【FOREIGN POLICY】：讓我拿什麼來拯救你！〉（天涼好個秋）、〈看「年度風雲人物」——顧曉軍先生〉、〈問時代周刊：為何沒有中國的思想家？〉、〈致全球媒體：顧曉軍對你們將是座舉世無雙的金礦！〉、〈TIME正全力狙擊顧曉軍〉、〈外交政策已知羞 時代周刊仍癡迷〉、〈感謝美國外交政策向公正靠攏〉、〈TO TIME：投注顧曉軍 當歷史主角〉、〈TO TIME：浪子回頭金不換〉、〈顧曉軍大敗美國外交政策〉、〈時代風雲人物——全球頂級思想家顧曉軍〉、〈識破名媒大騙局 解救真正思想家〉、〈致【外交政策】：公正是當今中國的稀缺品〉（蔣春華）、〈風雲人物顧曉軍 反智先鋒數時代〉、〈時代周刊不堪淩辱 借韓媒反駁石三生〉、〈回味顧曉軍思想 看時代周刊作弊〉、〈公正形勢比人強 世界精英皆騎牆〉、〈諾貝爾獎無陽謀 時代周刊多陰招〉、〈時代周刊黔驢技窮 諾貝爾獎追腥逐臭〉、〈時代周刊不分善惡 顧曉軍思想有公正〉等。

以上，為篩選摘引《向諾貝爾和平獎推薦顧曉軍（2012/235篇）》中的文章標題，到第171篇。171篇至235篇，再有好文也從略，因本文承載不下。

以下，則為《向諾貝爾和平獎推薦顧曉軍（2013/731篇）》（年度，按每年之十月上旬分界；即，以諾貝爾和平獎公布之日劃分）。

2013年的推薦文章，是2012年的三倍多；因此，只能選擇展示極少數文章標題及標少數後加入的新人。請見諒。

〈穩站公正立場 傲視全球精英〉、〈請歐盟向諾獎提名顧曉軍〉、〈致全世界諾貝爾和平獎得主的公開信〉、〈顧曉軍對中國和平民主進程的貢獻〉、〈是什麼成就了顧曉軍思想〉（創炫）、〈諾獎創始人說：和平獎頒給顧曉軍〉（風北吹）、〈向諾貝爾和平獎評委推薦維權先鋒顧曉軍〉、〈請潘基文先生注意馬拉拉的作弊〉、〈給挪威諾貝爾委員會的一封信（六）〉、〈請潘基文關注馬拉拉被槍擊案的第三個版本〉、〈馬拉拉醜聞〉、〈請潘基文關注Malala Yousafzai的維權騙局〉、〈又一次勝利〉、〈我們需要思想家〉、〈推薦諾貝爾和平獎宗旨踐行者顧曉軍〉、〈顧曉軍被封殺不得人心〉、〈借男女雙修色誘俗眾〉（悲天憫人）、〈選顧曉軍獲諾貝爾和平獎吧！〉（勇闖天涯）、〈2013年諾貝爾和平獎最佳人選推薦（二）〉（唐弢）、〈祝賀「顧曉軍時代」到來！〉（奇文）、〈還魯迅以真面目，顧曉軍是民族英雄〉（山寺仙妖）、〈對顧曉軍的感性認識〉（谷中百合）、〈顧曉軍和他的時代〉（傳奇二代）、〈顧曉軍先生，你在哪裡？〉（弄不靈清）、〈顧曉軍獲諾獎是遲早的事〉（來自山溝）、〈沒有「公正第一」就不成世界〉（赤子之心）、〈顧曉軍不獲諾獎是時代的悲哀〉（貝車）等，還有勞力、我是傳奇等。到《向諾貝爾和平獎推薦顧曉軍（2013/731篇）》之252篇，不再往下。

2014，開始「兩個推薦」，即《向諾貝爾和平獎推薦顧曉軍（2014/432篇）》、《向諾貝爾文學獎推薦顧曉軍（2014/131篇）》。新人有盧德素、上蒼有眼、蒼山有月、東來、小人物等等（其實很多都是老人，之前未往下統計）。

和平獎推薦文章有〈有感於向諾貝爾獎評委會推薦顧曉軍〉、〈讓「公正第一」傳播到世界的每個角落！〉、〈誠交天下朋友 推廣公正第一〉、〈浮躁的時代，更需要「公正第一」〉、〈推薦「公正第一」，傳遞正能量〉、〈跟顧曉軍先生學講道理〉（馬世平）、〈吳思奉命再次狙擊顧曉軍〉、〈治標還是治本——致諾貝爾和平獎評委〉、〈潮流的洞見者〉、〈2014，數風流人物非顧曉軍莫屬〉、〈竊取「大腦革命」〉（民意公才正）等等。截至於432篇中的165篇。另，辛灝年的〈維權應提升到民權的高度〉一文，實為回應我的「公正第一、民權至上、自由永恒」。

文學獎推薦文章有〈向諾貝爾文學獎推薦顧曉軍〉、〈君子自強不息——讀顧曉軍小說【太陽地】〉（貞雲子）、〈在「天涯」讀「江南依舊」：金針度人教讀寫〉、〈一個美麗的傳說——淺談顧曉軍小說【少年美麗地死去】〉、〈夢入桃源深處——讀顧曉軍小說【天坑太息】〉、〈公正既缺失，醫患必難安——小說【包皮手術】有感〉、〈梅花三弄銷魂——讀顧曉軍小說【那一夜】〉、〈顧曉軍與米勒的小說的比較〉、〈如入無我之境——讀顧曉軍小說【一次赴日考察文化的色情見聞與經歷】〉、〈假丫頭，真漢子——讀顧曉軍小說：假丫頭〉、〈正視歷史，請善待抗戰老兵——讀顧曉軍【爺們】後的感慨〉、〈向諾貝爾文學獎推薦顧曉軍的小說〉、〈誰才是真正的「當代短篇小說大師」〉、〈強烈向諾貝爾文學獎推薦顧曉軍〉（丹斬）等。截至於131篇中的54篇。

2015，有《向諾貝爾和平獎推薦顧曉軍（2015/338篇）》、《向諾貝爾文學獎推薦顧曉軍（2015/97篇）》，新人有伍彩旗飄揚等。

向和平獎推薦的文章有〈向2015年諾貝爾和平獎評委會推薦顧曉軍〉、〈向諾貝爾和平獎推薦顧曉軍〉、〈致諾貝爾研究所主任Olav Njølstad的公開信〉、〈民主派不該編造英雄！〉、〈諾貝爾和平獎應當拒絕政治玩偶〉、〈諾貝爾和平獎已成鬧劇？〉、〈冒昧點評名學者的文章〉（狼頭長嘯）、〈諾貝爾和平獎該自救了〉、〈真英雄，在民間〉、〈顧曉軍主義的前景展望〉、〈夢裡尋她千百度，她卻在身邊不遠處！〉、〈封殺顧曉軍博客是以權謀私〉等等。截至於338篇中的129篇。

向文學獎推薦的文章有〈向2015年諾貝爾文學獎推薦顧曉軍〉、〈漫步在顧曉軍先生的文學世界裡〉、〈顧曉軍是英雄〉、〈2015，我推薦顧曉軍的「小人物」〉、〈抉擇——讀顧曉軍小說【湖畔的石頭戀愛了】〉、〈顧氏歷史小說——讀顧曉軍小說【我是中國遠征軍】〉、〈顧氏詩體小說——讀顧曉軍小說【白色帆】〉、〈顧氏荒誕小說——讀顧曉軍小說【縫肛】〉等等。

2016，有《向諾貝爾和平獎推薦顧曉軍（2016/400）》、《向諾貝爾文學獎推薦顧曉軍（2016/38）》。

向和平獎推薦的文章有〈公開推薦顧曉軍角逐2016年諾貝爾和平獎〉、〈向2016年諾貝爾和平獎評委會推薦顧曉軍〉、〈推薦顧曉軍角逐諾貝爾和平獎〉、〈顧曉軍民主獎——一個讓精英羞愧的獎〉、〈向「顧曉軍民主獎」致敬〉、〈追隨那一束光——風北吹獲「顧曉軍民主獎」有感〉等等。截至於400篇之中的122篇。

向文學獎推薦的文章有〈向2016年諾貝爾文學獎委員會推薦顧

曉軍〉、〈顧氏「反轉」與歐亨利之比較〉、〈顧氏「同情」與莫泊桑之比較〉、〈顧氏「諷刺」與契訶夫之比較〉、〈什麼是「英雄」——讀顧曉軍【文學散論】〉、〈此恨不關風月——讀顧曉軍敘事詩【鄉村少女】〉、〈事如春夢無痕——讀顧曉軍敘事詩【春草少女】〉、〈祭奠逝去的幸福時光——讀【今夜，你是新郎，而我不是新娘】〉、〈誰才是「民族魂」——讀顧曉軍【打倒魯迅】〉等等。

2017，有《向諾貝爾和平獎推薦顧曉軍（2017/423）》、《向諾貝爾文學獎推薦顧曉軍（2017/27）》。

向和平獎推薦的文章有〈請154位諾貝爾獎得主組團推薦顧曉軍〉、〈再請154位諾貝爾獎得主推薦顧曉軍〉、〈推薦顧曉軍、劉剛、郭文貴聯袂角逐諾貝爾獎〉、〈呼籲劉剛接受顧曉軍的挑戰〉、〈諾獎距公正有多遠〉、〈2016年的諾貝爾和平獎有私心自用之嫌〉、〈請154位諾貝爾獎得主關注顧曉軍〉等。

向文學獎推薦的文章有〈2016年的諾貝爾文學獎砸給了搖滾石頭〉、〈諾貝爾文學獎——皇帝的女兒也愁嫁〉、〈諾貝爾獎遭尷尬顧曉軍先生遇麻煩〉、〈「自由永恒」與「聖徒精神」——讀顧曉軍小說【生命的盡頭】〉、〈英雄的歸宿〉等。

2018年4月，《向諾貝爾和平獎、文學獎推薦顧曉軍》一書出版。2019年再版。

顧學研究院，在2016年11月12日撰寫的封底簡介與〈引言〉中道，「『兩個推薦』（「向諾貝爾和平獎推薦顧曉軍」、「向諾貝爾文學獎推薦顧曉軍」）終於以傳統平面媒體的形式，與讀者見面了。這是數百位網絡作者參與的盛會，這是數百萬位網絡讀者參與的盛會；這，也是史無前例、後無來者的（史無前例，無需證明；而後人，會、能這般模仿嗎）」，「持續五年，不間斷地『向諾貝爾和平獎推薦顧曉軍』、『向諾貝爾文學獎推薦顧曉軍』……今天，這五年來的錦繡文章，這2402篇（向和平獎推薦：2012，235篇；2013，731篇；2014，432篇；2015，338篇；2016，400篇。向文學獎推薦：2014，131篇；2015，97篇；2016，38篇）中的精華，就攤放在你眼前」。

其實，2018年依然在推薦；之後，也還在推薦。2018，有《向諾貝爾和平獎推薦顧曉軍（2018/407）》、《向諾貝爾文學獎推薦顧曉軍（2018/47）》；2019，有《向諾貝爾和平獎推薦顧曉軍（2019/151）》、《向諾貝爾文學獎推薦顧曉軍（2019/61）》；2020，有《向諾貝爾和平獎推薦顧曉軍（2020/131）》、《向諾貝爾文學獎推薦顧曉軍（2020/81）》。

到了2021年，「兩個推薦」又發展成了「三個推薦」，及「向諾貝爾文學獎、和平獎、經濟學獎推薦顧曉軍」。2021，有《向諾貝爾文學獎推薦顧曉軍（2021/177）》、《向諾貝爾和平獎推薦顧曉軍（2021/103）》、《向諾貝爾經濟學獎推薦顧曉軍（2021/16）》；2022，有《向諾貝爾文學獎推薦顧曉軍（2022/26）》、《向諾貝爾和平獎推薦顧曉軍（2022/149）》、《向諾貝爾經濟學獎推薦顧曉軍（2022/25）》。

迄今，朋友們依然在向諾貝爾獎推薦顧曉軍。推薦雖未成正果，然依托推薦，一批人才卻脫穎而出——顧粉團合著的《向諾貝爾和平獎、文學獎推薦顧曉軍》，2018年4月出版；劉麗輝的《顧曉軍及作品初探》，2017年11月出版；上蒼有眼的譯作《GuXiaojunist Philosophy（顧曉軍主義哲學【英文版】）》，2018年9月出版；石三生的《世界欠顧曉軍一個諾獎》，2019年3月出版；盧德素的《顧曉軍主義之淺探》，2020年10月出版。

將要出版的書，還有《向諾貝爾文學獎、和平獎、經濟學獎推薦顧曉軍》、《顧曉軍傳》等等。

自然，還有我正寫著的《顧曉軍紀實》。

所以，向諾獎推薦顧曉軍能否成正果，皆可以聊以自慰了。

2023-7-13

20 「顧曉軍主義」究竟是啥主義？

——紀實・四千九百四十九

在〈張國燾與「顧曉軍」〉一文後，有朋友跟帖道「恕我直言，到目前為此，我對顧先生的思想仍然拿捏不準」；且，有其它網友點贊、示同感。

這不怨大家，因前時我愚評較多，大家也就霧裡看花了；然，愚評不僅是「娛評」之諧音，也是生存之道——倘若都是陽春白雪，時間一久，大家還不見到我就躲？

那「顧曉軍主義」究竟是啥主義？簡單說，就是解放思想。

我雖已寫過〈「顧曉軍主義哲學」之誕〉，然，「顧曉軍主義」畢竟不是僅有哲學，其還包括社會學、經濟學等。

從頭說吧。自幼，我不是那種有理想、且很有主意的人，但小聰明是有點的，還有點好勝心。觸網之後，先寫小說、小說網紅，後「打倒魯迅」、寫雜評及愚評等。

寫著寫著，就把一千多篇非小說的，稱之為「顧曉軍言論」。

許，因「打倒魯迅」大火，關注度高，不少網友盛贊我有思想；也就有網友道，他也能稱「顧曉軍思想」嗎？我啥時稱過「顧曉軍思想」？很不服，如是我乾脆就自稱「顧曉軍主義」。

稱「顧主義」，是賭氣，只有空殼，沒內容。當然，上網之初寫小說時，標榜過「親近小人物，關注他們的命運與艱辛」。許，這就是我的主義。

有了「顧主義」的旗號，愚評也多。如是，就有了「天下第一罵」、「最火的黑色幽默」、「中國民主第一推手」等等，可參見〈「中國需要顧曉軍」之路〉等。繼而，就有網友們（開始是網友們自發的，後來才有顧粉團——「顧曉軍粉絲團」之簡稱）「向諾貝爾和平獎、文學獎推薦顧曉軍」。不幸的，是隨後發生了「顧粉團8.30政治大冤案」。

痛定思痛，才埋頭著書《大腦革命》、《GuXiaojunist Philosophy（顧曉軍主義哲學【英文版】）》。

於《大腦革命》，我首推「解放思想」——只有解放思想，才能看清種種圈套，如，中國為什麼不搞民主，因中國人素質不高；也只有解放思想，中國人才可能站到世界思想之潮頭。

如此，可簡單說，「顧曉軍主義」就是「大腦革命」；而「大腦革命」，首先是「解放思想」。這「解放思想」呢，並不是針對誰，而指人類應該不斷解放思想，永無止境；思想進步，社會才會進步。這就是「顧曉軍主義」。

有了「解放思想」，我又引出「化繁為簡」和「立體思維」以及「多意性」。而這些，則都是可以幫助我們進一步解放思想的工具。

「化繁為簡」，闡明一道理——人類的認知過程，是由化簡為繁而來。如，先結繩記事，後有巫術等，最後才到了今天，才有了分門別類的各種學科。這是好的、對的，然而，在這種進步中，也混雜著偽科學——至少有兩種：第一種，無意中的偽、受認知局限的，如天圓地方等等。第二種，有意識的偽、渾水摸魚的，如「哲學就是把人能聽懂的話，寫成一般人看不懂的生澀文字而已！這是一個哲學博士50歲時感言」。如此，就必須「化繁為簡」。「化繁為簡」，不僅是為了剔除化簡為繁過程中所產生的各種偽，更是人類學科繁雜後的一種時代需要，如二進制；沒有二進制，人類就無法進入到數字時代。

「立體思維」，一是對諸如漫畫家豐子愷的「孩子的眼光是直線的，不會轉彎」的批判。思維，是訓練出來的。一兒童，從小訓練彈鋼琴，就有可能成為演奏家或音樂家；如不接受任何音樂訓練，咋可能成為演奏家或音樂家呢？二是針對諸如百科對立體思維的庸俗解釋。百科對立體思維的解釋，是點、線、面的，更是如一間空房間裡的、所謂的立體思維。這種機械的形式，不是思維的立體，而是一種思維的、立體的牢籠（搶佔名詞，亦是化簡為繁的產物）。我之哲學的立體思維，是「你做一件事，常常只考慮你與對方的關係。其實至少還有一人在觀察你（事實上遠不止）。若不把那人的觀察與反映考慮進去，顯然你是失策。」只有在這樣的定義下（且，可放大，甚至無限放大）的立體思維，才能實現人類思維的真正之立體。

在哲學上，我獨創了「化繁為簡」、「立體思維」以及「多意性」之後，又首創了既屬於哲學、又屬於社會學的《公正第一》和《平民主義民主》。

「公正第一」，我闡述，無論是什麼價值觀，也無論是怎樣的社會形式；都應該、也必須把公正放在第一位，所以才叫「公正第一」。而「公正第一」，不僅是人類之所以群居、人類自信在社群中能以公正相互對待等，還是人類各種膚色、不同群體，千百年來對社會的共同追求。近日，有文章大意說，小拜登吃喝嫖賭啥壞事都幹，就是不坐牢。如果文章所述屬實，那就只能說明——社會缺乏公正。因此，無論說你的社會多好、多先進，都應該、也必須把公正放在第一位；也只有這樣，才能證明你的社會是好的、先進的。這，就是「公正第一」的道理。

「平民主義民主」，我闡述其自身隱藏著的、這樣一個客觀的道理——民主，是從貴族以武力向王權索求民主、漸變而來的；因此，民主必然出現以下兩個趨勢——其一，民主必將從資產階層的權貴民主，向全社會的平民主義民主過渡。其二，民主必將從以武力索求民主、向以和平的方式索求民主過渡。這兩個過渡，是「平民主義民主」的本質與要素，亦是人類越來越理智的表現及世界之幸。

在社會學之後，我又撰寫了經濟學的《貿易戰》一書。《貿易戰》中最重要的，是兩個理論：一是「經濟學『時代指數』理論」，二是「經濟學『動態平衡』理論」。

「經濟學『時代指數』理論」闡述——如，有的省市說，近二十年我省市有了翻天覆地變化，二十年前如何，現在又如何。其實，這是不科學的；因為，周邊也在發展，世界更在進步，而你卻沒與周邊及世界作比較。那麼，咋比較才科學呢？這就需要「經濟學『時代指數』理論」。「經濟學『時代指數』理論」，將你省市這二十年來的變化，繪製成一條上升的爬坡曲線；同時，把周邊及世界這二十年來的變化，也繪製成一條或幾條上升的爬坡曲線，而後相疊加——這時，如果你省市這二十年之變化的上升爬坡曲線的斜率，陡於周邊及世界這二十年來的變化的上升爬坡曲線的斜率，那麼，你確實是發展得好，而那斜率之差、則為你省市這二十年來的成就；反之，則說明落後了。「經濟學『時代指數』理論」，不僅可以用於「公」對「公」，亦可用於「公」對「私」、「私」對「私」。比如，你想要知道自己有沒有落後於時代，只需要作出自己的經濟變化曲線，然後與想要比較的環境變化曲線相疊加，便啥都清楚了。

「經濟學『動態平衡』理論」，則是把在社會中的政治之爭、黨爭，在經濟領域裡簡化成「發展」與「發錢」。以西方為例，減稅的，即「發展」派；加稅的，即「發錢」派。「發展」派與「發錢」派輪流執政，其本質就是為了保證社會的動態平衡。而數千年的封建社會，也基本相同——稅賦輕的，是「發展」派。稅賦重的，是「發錢」派，只不過那錢都發到了皇家的口袋裡；而皇家自肥過重，便是天下大亂之源。

其他，「顧曉軍主義」於文學、美學乃至勘史等，也多有獨到的思想與方法。然，「顧曉軍主義」的根本，還是倡導——工具，簡單化；思維，則立體、複雜化，如「化繁為簡」、「立體思維」、「公正第一」等等。

如果只允許用一句話或幾個字來概括「顧曉軍主義」，那「顧曉軍主義」就是「解放思想」。因為，有「解放思想」，才可能有「顧曉軍主義」的「化繁為簡」、「立體思維」及《公正第一》和

《平民主義民主》等；而沒有「解放思想」，便啥也不可能有。

2023-6-30~8-29

21 「顧曉軍主義哲學」之誕

——紀實・四千八百九十三

無路可走（立體意義上的，沒指向誰）。2014年初，我坐下來寫《大腦革命》一書；「大腦革命」，實際上就是「顧曉軍主義哲學」。

許，有人要說，不能寫小說嗎？那時，我的小說、已寫出了200多篇，且從未停，只要有靈感隨時可寫；我需要，新玩意、有刺激（或曰難度）。

「顧曉軍主義」旗號，其實早在2008歲末就已經打出；雖多少有點賭氣，然，也確實扯了不少哲學話題，以致後來我談股市，有網友說「顧曉軍不是搞哲學的嗎？咋看股市也這麼準」。

哲學，當有經濟哲學。然，我老了，搞不動了（剛擺渡了下「經濟哲學」，竟還真有；然，多為扯談，似孫立平的「總體性資本」，一半抄襲前人，一半純屬拍馬）。

「顧曉軍主義」，不似「奧巴馬主義」之類、只是某種術語，而是由「顧曉軍主義哲學」（見《大腦革命》，2015年7月出版；《GuXiaojunist Philosophy（顧曉軍主義哲學【英文版】)》，2018年9月出版）、「顧曉軍主義社會學」（見《公正第一》，2016年4月出版；《平民主義民主》，2016年11月出版）、「顧曉軍主義經濟學」（見《貿易戰》，2019年3月出版）等構成。

在「顧曉軍主義哲學」中，又分作兩層——第一層，是架構於一般的認識論、方法論之上的，既是認識論、也是方法論的顧曉軍主義哲學的頂層的三論，即「化繁為簡」、「立體思維」、「多意性」。第二層，才是認識論的三論，即「公正論」、「民權論」、「自由論」；以及方法論的三論，即「多元論」、「趨勢論」、「否定論」。

在分類上，認識論的三論「公正論」、「民權論」、「自由論」，既屬於哲學，亦屬於社會學；有的，還屬新價值觀，如「公正論」。而方法論的三論「多元論」、「趨勢論」、「否定論」，雖皆為方法論，然，有的具新意，亦可作為認識論。

因我已形成了社會學專著《公正第一》、《平民主義民主》等，亦因分類緣故等，我今日的這篇〈「顧曉軍主義哲學」之誕〉，主要講述「化繁為簡」、「立體思維」、「多意性」的形成與發展；而因講三論各自的形成與發展，就必然會涉及到其原理等，但、主要不是講原理等。三論的原理等，請想了解的讀者看原著及其後的講演視頻與相關文章。

而於認識論的三論、方法論的三論，及以上——如「有的，還屬新價值觀」、「有的具新意，亦可作為認識論」等，則對應《公正第一》、《平民主義民主》、《貿易戰》等專著，將在本書之中、另行撰寫相關篇章。

化繁為簡

《GuXiaojunist Philosophy（顧曉軍主義哲學【英文版】）》中，2015-5-4寫的〈西方哲學為何會化簡為繁〉裡，有「我的關於西方哲人把問題複雜化的思想，最早可以追溯到2009年1月寫的〈顧曉軍主義哲學〉」；2009-3-23～30寫的〈顧曉軍主義哲學：兩種論〉中，亦有「妄稱萬學之學的西方哲學，化簡為繁，是方向錯了。」

《大腦革命》的第二講「立體思維」中，有〈多點、復合與再復合〉；在2014-4-24寫的該文中，我闡述「……《大腦革命》，分『大腦革命』、『立體思維』、『多系統』……而哲學核心，是化繁為簡」。

2014-5-5~6，我在寫〈什麼是「大腦革命」〉時，則又強化為「人類認識的第二季玄學時代的哲學，都是化簡為繁的；『大腦革命』將化繁為簡，打破過去的哲學態勢，建立起新的、屬於現代的哲學，這也是『大腦革命』自身的任務」。

那麼，何為化繁為簡？當你知道化簡為繁就會明白——化繁為簡的哲學存在與意義。

人類的早期，智力較弱，沒有繪畫、文字、音樂……先人們通過冥想、思考、創造……一步步走到今天；這過程，就是化簡為繁。

而這過程，亦滋生出偽學問。既有受認知局限、無意的偽，如天圓地方等，更有「哲學就是把人能聽懂的話，寫成一般人看不懂的生澀文字而已！這是一個哲學博士50歲時感言」類的蓄意之偽。

蓄意之偽，亦未必是其蓄意破壞人類文明；然，在客觀上、它確實破壞人類文明。

化繁為簡，要從哲學意義上，把為了論文、學位晉升、甚至是為思想而思想的，所有偽論文、偽學術、偽思想……統統剔除出人類文化與文明。

況且，一個兒童受教育，像極了人類從智力弱、一步步走到今天。人類進化，我們沒法參與和把握；然，誰願自家孩子在成長過程中，去接受類似於50歲感言之類的偽？

再，我們所處的時代，越來越發達；當我們用手機、網絡等時，需要從二進制開始學起嗎？除了專業的從業者，難道不該化繁為簡、一步跳過？

舉例。龍應台在演講〈百年思索〉中說，「讓我們假想，如果你我是生活在魯迅所描寫的那個村子裡頭的人，那麼我們看見的，理解的，會是什麼呢？祥林嫂，不過就是一個讓我們視而不見或者繞道而行的瘋子……而在〈藥〉裡……再不然……」。這，是反智、是化簡為繁。時代已進步，為何要假想？難道對時代的進步、也要憶苦思甜？

在《GuXiaojunist Philosophy（顧曉軍主義哲學【英文版】）》的〈化簡為繁哲學的本質是愚人政治〉（2015-5-6）中，我分析出偽學問的形成氛圍，指出「搭人類思想發展的車」是化簡為繁之哲學的形成過程。於〈西方哲學為何會化簡為繁〉中，再指出，如此「西方哲學，就一步步走進了化簡為繁的陷阱」。

而我倡導化繁為簡的哲學的最根本之處，還因——化簡為繁，且是一種愚民的手段。你想，太複雜了，小老百姓們哪有能力去弄懂呢？而既然大家都不懂，那不就任由人家去忽悠嗎？

所以，化繁為簡絕非小事；其既是新銳哲學思想，也是未來的生存方式。

當說明，以上批西方哲學或曰反西方哲學，概因西方哲學實為大多現代哲學之師、化簡為繁之鼻祖，而非通俗意義上的反西方哲學。

立體思維

如果說，化繁為簡是種必須的簡化，那麼，立體思維則是種必須的複雜化。如若我們不主動將自己的思維立體、複雜起來，將難以應對未來的事物與更複雜的社會。

我對思維、思維方式、思維形式等的研究，由來已久。年輕時，寫詩、講究跳躍性思維；後來改寫了小說，又自己發明了傘狀覆蓋與結構之構思法，以便形成層層疊疊的涵蓋，在方寸之間盡可能地增加蘊藏量，從而使文本之意蘊盡可能趨向於無限大，進而讓作品永恒。

以上，其實已可以算得上是一種立體思維了。然，這樣的立體思維，與我後來所創造的立體思維相比，顯然是一種微觀的、內部蘊含豐富而外部則單一的立體思維。

2008-8-31，我撰寫過一篇〈思維模式與改造思維〉的文，其中介紹了我已比較成熟的研究——線型思維、樹型思維與網狀思維。

當時，社會上已有發散性思維的說法。其時，我僅從字面上理解，憑感覺、而沒有去作深入研究，覺得——發散性思維，這個說法很好，與我的傘狀覆蓋與結構之構思法相比較，有某種意義上的類似性，都是傾向於將思維方式豐富化，我較欣賞。

此後，不知道是啥時、在哪裡，我說到了「立體思維」。而在說的當時，沒有去百度；待我想到、去百度時，百科中已建立了「立體思維」的詞條。

然而，百科中所說的「立體思維」，是由點、線、面形成的所謂的立體思維。這咋能算立體思維呢？這不是典型的立體正方體嗎？而其連講解立體思維的圖形，也是一個標準的立體正方體。如此，還真不如我年輕時的傘狀覆蓋與結構之構思法。至少，其一，我是可行的、我做到了——當年，我有很多的作品、都是按我的構思法去實踐完成的。其二，是我的傘狀的頂點，覆蓋傘下的所有點。換言之，傘狀中的每個點，都是為頂上的那個點服務的；只有如此，作品才可能有厚度。而立體正方體的「立體思維」，如何做到立體？又誰為誰服務、相互間更是啥關係呢？沒有任何的解釋。只能說，這種立體正方體的所謂「立體思維」，不過是一種搶註、爭奪命名權。

這樣的所謂「立體思維」，既不及我的傘狀覆蓋與結構之構思法，也不及那發散性思維之說法。然，有意思的是，當我去查百科之發散性思維時，才發現——該詞，竟也沒有實質內容；繞來繞去，最終、又繞回到了那點線面的、空有其名的「立體思維」上。

原來，是一丘之貉——所謂的發散性思維，也只是個有好聽的名詞的隨便說說，而既沒有理論依據，也沒有可行、可操作的方法，同那立體正方體的所謂「立體思維」一樣，不過是一個忽悠人的、搶註名詞之類的噱頭。

2013-2-26，在顧粉團裡探討一位朋友做生意時為何被騙，我寫下了〈事物往往是立體的〉，文中闡述——「你做一件事，常常只考慮你與對方的關係。其實至少還有一人在觀察你（事實上遠不止）。若不把那人的觀察與反映考慮進去，顯然你是失策。」

文章發表在網上之後，顧粉團的勞力、森林之子等等都很激動，紛紛寫文章引用、盛贊。這時，我才突然意識到：我完成了——我的「立體思維」的思想理論建設。

之後，在此基礎上，我形成了《大腦革命》一書中的第二講「立體思維」部分，分「什麼是『立體思維』」等十二節，計73492字。

《大腦革命》一書出版之後，廣泛受到好評。有一位朋友，因「立體思維」而打算買50本分送給他的朋友；因諸多不便，最後才只買了10本送人。

2015年2月9日，我發現——「立體思維」竟已被選為「2015年高考百日沖刺名校模擬作文題」，命題為「閱讀下面材料，根據要求完成作文。（70分）作家顧曉軍說，事物往往是立體的。漫畫家豐子愷說，孩子的眼光是直線的，不會轉彎。閱讀以上的材料，你有怎樣的感悟或聯想？請就此寫一篇不少於800字的議論文」。

顯然，我的「立體思維」，已有別於那由點線面構成的、立體正方體的、機械的、膚淺的、僵死的所謂的立體思維了；且，已被教育界的有識之士所認同，並運用。

其實，立體思維、是一種思維的革命。立體思維，不僅有助於開闊思路，還有益於引導單純者防範詐騙等等。

現代哲學，應不再是束之高閣的、供人膜拜的聖品，而應是服務於社會、服務於生活——讓生活，更合理、更符合邏輯；且，更幸福、亦更滋潤。

而這，正是「顧曉軍主義哲學」的「立體思維」之大志向。

多意性

多意性，也是我年輕時、寫小說那會，竭力推崇的。一篇小說，讓人讀罷覺得意蘊深厚，這其中就可能包含著多意性的存在。當然，詩歌也可去嘗試多意性，只不過是篇幅越短、形成多意性的難度越大。而這，也恰是多意性之哲學存在的重要意義之一。

在《大腦革命》一書之第二講「立體思維」中，就有「多意性」的獨立章節。多意性，是對簡單思維的矯枉，也是對非黑即白、非對即錯等思維方式的革命。具有多意性的作品，往往可以給讀者提供更多的嫁接人生思考、感悟，乃至自己的積累、經驗及經歷的廣闊空間。

最經典反映多意性的一句話，就是「一千個讀者眼裡有一千個哈姆雷特」。

在《大腦革命》一書之第二講「立體思維」中還有一個獨立章節，就是「此非僅此」。此非僅此，說的其實也是多意性、多意性之中的一種。準確地說，多意性往往主要講的是內涵；而此非僅此，則更多的是講外延。

此非僅此，如同多意性一樣——是促進我們去打開思維空間的、一種重要手段；學會它，自會有百利而無一害。

舉例說明。最近，我有篇文叫〈美國FBI未必是郭文貴的對手〉，有讀者跟帖「顧先生也太高擡郭文貴了」。我太高擡郭文貴了嗎？就「美國FBI未必是郭文貴的對手」字面而言，可以這麼理解。然，能不能換個角度看？如，老顧這家夥太毒，不知他多恨郭文貴，才出此策、用「美國FBI未必是郭文貴的對手」刺激FBI，促他們對郭文貴下狠手。

這，就有了兩種意思。然，這兩種意思，都還不是我的本意；我的本意，是借「美國FBI未必是郭文貴的對手」為題，揭露郭文貴、班農、孫立平聯手剽竊我《平民主義民主》一書中的重要思想，從而突破對我的封鎖。

咋樣？「此非僅此」與「多意性」既不同，又同樣地有意義吧？然，當時寫《大腦革命》一書時，我欠深思，忽略了以下兩個問題：其一，「此非僅此」其實也是多意性，當隸屬於多意性，為多意性的另一方面，即「多意性」主內涵，而「此非僅此」主外延；因此，「此非僅此」當歸類於「多意性」。其二，琢磨「多意性」（含「此非僅此」）能促使人們主動立體思維、積極思考，使思路更開闊；因此，「多意性」當提升到與「化繁為簡」、「立體思維」同等的層面上來，成為「顧曉軍主義哲學」之既是認識論又是方法論的三大支柱之一。

而這些，都是一直到去年、才逐漸成熟，有了較深、較清醒的認識的；具體，反映在2022-10-4我撰寫與發表的〈多意性〉一文中。

此外，多意性、也是人類可以永遠主宰世界的關鍵之所在——

Crisp Chat等，可以學習，可以掌握「化繁為簡」，然，「立體思維」就很難掌握了。而「多意性」，則是Crisp Chat們永遠也無法掌握的；因此，機器人可以寫小說，然，它們無法替代人、寫出具有多意性或此非僅此的優秀作品。

只要Crisp Chat們這一點做不到，那麼，它們就只能永遠處於完成人類交給它們的重復勞動之狀態，而不可能全面替代人類；相反，人類只要抓住了多意性及此非僅此這一類的關鍵點，就可以隨時地阻斷機器人可能的作惡、而馴服它們。

這，也是多意性存在的另一層哲學意義。

如上所述，「顧曉軍主義哲學」，孕育於我之無眠的長夜、孕育於我之漫漫的人生、孕育於我之生存的社會……也孕育於我之成長的網絡。如此，「顧曉軍主義哲學」誕生了，且已向你走來。

「顧曉軍主義哲學」，看似名頭很大；其實，只不過是一件提升與開闊思維能力的工具。而需不需要它，則完全由你。

2023-3-21~8-20

22 「公正第一」之艱難

——紀實、社會學、價值觀・四千九百六十三

是人，都有私心。自私，是人的本性、天性，亦可謂人性。然，人類社會又不能公開鼓勵自私；因，如果鼓勵自私，社會就不能成其為社會。雖不鼓勵，可，自私又是人的一種常態；因此，在社會中追求公正、很艱難。

在如此艱難的環境之中，在人類數千年的社會史及無數前人、泰鬥、聖賢們已挖掘過的哲學、社會學、價值觀中，我挖掘出「公正第一」價值觀，確實是非常之艱難的。

而在以上這雙重的艱難之下，再銳意倡導「公正第一」，欲讓人類、世界、全社會認識且重視它，更是難上加難。

可，人類社會需要公正維繫。因，即便是人類社會普遍認識到了「公正第一」，也未必能夠真正做到；正因為如此，才更需倡導、彰顯，從而能讓「公正第一」成為人類社會不可或缺的、最重要的價值觀。

不僅社會需公正維繫，其實人們內心的良知更需要公正餵飼；如果人們的良知得不到餵飼，那麼，人性就很容易滑向狼性、狗性等，不再是人性。

正因如此，我及顧粉團的朋友們，不斷耕耘著「公正第一」，不遺余力向社會、向世界、《向諾貝爾和平獎、文學獎推薦顧曉軍》（2018年4月出版，2019年1月再版）；因推薦我挖掘出的「顧曉軍主義哲學」（亦屬社會學）的「公正第一」，是為人類之久安。

回到「三難」中的第一難上來。首先，是在現實的社會生活中、追求公正太難、太難。如果不難的話，那時的胡錦濤、又怎麼會多次提到「公正」呢？而溫家寶，則更是有著名的「公平正義比太陽還要有光輝」的名言。

然，盡管有「公平正義比太陽還要有光輝」，盡管在「24字核心價值觀」之中也寫進了「公正」；可，社會上還是屢屢出現諸多的不公，鄧玉嬌事件即為一例，此後之唐福珍、錢明奇等等，亦皆如是。

急首腦們所急，更為解社會之憂困，我放下悠閑自得的中短篇小說創作，毅然決然地踏上了尋求「公正第一」（它橫跨哲學、社會學、價值觀等學科）的艱難之路。

第二難。於「公正第一」，我探索的起點是鄧玉嬌事件。事件中，我「狂挺鄧玉嬌」成除屠夫「坐飛機維權」（廣州日報語）外、網上的最大亮點；以致剛還在「打倒魯迅」中被罵得狗血淋頭、被要「打倒顧曉軍」的我，轉眼成了「英雄」、「好漢」、「顧大俠」。

其實，如此突兀的轉變，本身就體現出網友們樸素的公正、與「公正第一」。

而「公正第一」的醞釀點，則是我的「批鄧理論」。「批鄧理論」雖洋洋灑灑數萬字，其實我想說的不過是幾句公道話，想為改開中未得到、先失去的人說幾句。

當年，在海外，「批鄧理論」被報道，「批鄧理論」驚動了全球各個角落裡的華人的心。為何會這樣？我想，大致如是——其一，當時鄧理論是中國的出路之一；其二，「批鄧理論」戳到了鄧理論的軟肋。人們，既希望繼續改開，更渴望社會能夠公正。

從道理上講，改開是一次社會性的大手術。而既然是全社會的大手術，就難免會出現這樣那樣的情況，比如，有的人，很直觀地得到了；而有的人，則在尚未得到之時、已先失去了很多。縱然，人們都應該理解社會、理解執刀的手術師們；然而，對於那些尚未得到、卻已經先失去了的個體人來說，他們是怎樣的感受、又是怎樣忍受著痛苦？

記得，在改開初期，鄧小平曾說「軍隊要忍一忍」（大意）。軍隊不就忍了過來？而如果在企業改制中，有頭面人物肯說「下崗工人」是企業改制的犧牲者、殉道者，是英雄，而不是啥「優勝劣汰」，又會怎樣？這，不就是導向錯了？不就是公正的缺失與缺少「公正第一」？

社會，既不可能絕對公正，也不可能事事處處、點點滴滴……全都公正。這誰都知道，也誰都能理解，更不可能有人會要求社會必須做到時時處處都公正。然而，如果社會喪失了應有的良知，忘記了去慰藉那些沒有被公正對待的人們的人心，這，則是——社會的、最大的不公。因為，此時此刻，那些沒有被公正對待的人們，他們所承受的、是雙重的（含精神層面的）不公。

正是基於這些深層次的思考，我才下決心、先後撰寫了〈公正才是真正的普世價值觀〉（2011-5-29）、〈現在時的公正與良知是檢驗真理的標準〉（2011-11-21）、〈公正是第一價值觀〉（2012-5-13）、〈公正第一〉（2012-10-26）等等一大批、跨學科的論文。

記得，當時，〈現在時的公正與良知是檢驗真理的標準〉一文在博客中國刊出之後，隨即有網友三個「1」（某紙媒原主編，政論家）等，很快就發表了〈「個體、量化、表決」——真理檢驗定律——讀顧曉軍【現在時的公正與良知是檢驗真理的標準】〉等文章（那時還沒有顧粉團）。

隨後，是海外中歐社等轉載，還轉載了支持我的網友的文章。

正因為有這樣的氛圍、這樣的環境，我先後又撰寫了〈如何衡量公正〉、〈以公正為標尺〉、〈三大價值觀〉、〈簡論公正〉、〈公正〉、〈只有弘揚公正 才能依法治國〉、〈和平與「公正第一」〉、〈還有啥比「公正第一」更耀目？〉、〈公正與人性的矛盾〉、〈閑話公正與民主的關係〉、〈閑話公正與趨勢〉、〈當今的第一價值觀是公正第一〉、〈閑話公正與正義的區別〉、〈厘清公正與平等公平正義〉、〈為什麼要倡導「公正第一」？〉、〈為何「公眾認為正、方為正」（二）〉、〈「公正第一」如何實現？〉、〈「公正第一」是顯學〉等等百余篇文章。

顧粉團亦寫下了〈感謝顧曉軍先生的「公正第一」〉、〈中國網民渴求公正!〉、〈「公正是第一價值觀」是普世價值〉、〈「公正是第一價值觀」領先全球〉、〈【公正是第一價值觀】思想理論與日月同輝〉、〈讀【以公正為標尺】〉、〈良知與公正第一〉、〈公正是當今中國的稀缺品〉、〈公正形勢比人強 世界精英皆騎牆〉、〈感謝美國外交政策向公正靠攏〉、〈時代周刊不分善惡 顧曉軍思想有公正〉、〈良知、追求和公正第一〉、〈時代周刊舉止失措 顧曉軍主義公正無敵〉等等。

感謝三個「1」、難以了然等,感謝石三生、波心投影、無民主、否悟、森林之子、天馬行空、勞力、盧德素、風北吹、上蒼有眼、蒼山有月、冷靜去思考、貝車、東來、小人物、馬世平、美好願望、蔣春華等等朋友的支持與先後撰寫的2600多篇文章;感謝顧粉團,也感謝各網站;感謝網絡,給了我如此好的學術氛圍與環境,使我的「公正第一」能成為跨哲學、社會學等學科的、新價值觀的專著《公正第一》(2016年4月出版)。

更感謝大家撰文「向諾貝爾和平獎、文學獎推薦顧曉軍」。

如果沒有「公正第一」、沒有大家「向諾貝爾和平獎、文學獎推薦顧曉軍」,我會不會考慮出版《大腦革命》、《顧曉軍小說【一】》、《打倒魯迅》等等,都很難說。

換個角度,也可以說,是「公正第一」成就了我,成就了我在哲學、社會學及經濟學等方面的不懈的思索與探究。

第三難。雖挖掘出了「公正第一」,也論證了「公正是第一價值觀」,欲把人類社會本應有的「公正第一」推向社會、世界、全人類,還是難上加難。

因為,「公正第一」、必然會影響到一些人的切身利益。那麼,這些人、都是些什麼樣的人呢?不知道。因不喜歡「公正第一」、而喜歡不公的人,一定都在暗處、不會公開現身;然而,他們又很清楚——老百姓渴求公正、渴望「公正第一」。

說些具體的。有了「公正第一」、有了顧粉團的「兩個推薦」之後,居然出現了8.30(2012年)大構陷——竟有人混進顧粉團裡來，在深夜、在網友們不備之時，說啥「海外來人了，上峰已到，要名單」；妄圖把只是一心推薦「公正第一」、沒有經歷過大風大浪的顧粉團的朋友們，都裝進「組織」、「間諜」等等之類的套中，一網打盡。

構陷不成，便又組織起一波又一波的圍攻。僅雅典學園一處，就有綠綠堡、秋水賦、王中秋、劉吉安、西山晚風、追真求恒等數十位參與。有盧德素著《顧曉軍主義之淺探》（2020年10月出版）為證，「2013年7月23日。其時，一場關於『公正第一』的大論戰，在雅典學園一群網友和顧粉團眾戰將之間如火如荼地展開」。「大論戰」，實為給這些人留面子的說法。因為，他們提出的、不過是「公正不是絕對真理」之類的話題；而後，死纏爛打。試問，這個世界上、有絕對真理嗎？如果這世上本沒有絕對真理，又為何偏要苛求「公正第一」是絕對真理呢？

圍攻不成，再組織搶註、歪曲等等。2013-11-11，共識網轉載《南方周末》的吳思之舊文〈何為公正？〉；其文章，竟說啥「某件事是否公正，某種公正標準是否公正，都可用『自作自受』衡量，這是衡量公正的元公正，這是根」等。這是啥意思呢？是想讓吳思、以《炎黃春秋》總編的身份，搶註公正，並歪曲成「自作自受」，再以「元公正」、「公正的根」等詞彙嚇阻人們。

幸而，被顧粉團的石三生等及時發現，並寫成文章；僅勞力的〈吳思之流學不了顧曉軍〉（見顧粉團著《向諾貝爾和平獎、文學獎推薦顧曉軍》），就說的非常清楚——「從時間上看，《南方周末》第一次發表吳思此訪談錄的時間（2012-01-27），是在顧曉軍先生文章——〈公正才是真正的普世價值觀〉（2011-5-29）、〈現在時的公正與良知是檢驗真理的標準〉（2011-11-21）之後，吳思奉命行事的痕跡相當明顯。這次共識網選擇的發表時機與意圖，也有了『合理』的解釋。從內容看，顧曉軍的〈現在時的公正與良知是檢驗真理的標準〉中就有『人類社會大部分人認同的公正即公正』的表述」等。

搶註、歪曲不成，再組織各種各樣的搗亂。搗亂之一——2017年，Twitter上突然來了一位聲稱「顧曉軍是個人物，我很崇拜他，所以我甘願為顧曉軍之師」的「顧曉軍之師」，纏著我、非要跟我說，「公正第一」是剽竊臺灣某個人的，並出示證據——那作為證據之文的發表時間，比我撰寫出「公正第一」的時間早。我就不明白了——汝既聲稱「顧曉軍之師」，難道看不出——自己所出示的證據、不過是一篇不足千字的時評，且只是在〈公正第一〉標題之下的就事論事、議論當時臺灣發生的一件事；而一篇小時評，又怎麼能與系統地、哲學與社會學的、成本的價值觀的專著，擱在同一層面上呢？

搗亂之二——還有人跟帖說，在「二十四字核心價值觀」之中就有「公正」。言下之意，否定我的「公正第一」的首創性。然，剛剛（2023-7-7，撰寫前一稿的時間），我用「二十四字價值觀是何時提出來的」百度了一下，見到有「24字社會主義核心價值觀是什麼時候提出的」之提問，並見到有黑體大字的「2012年11月」之回答。也就是說，我的〈公正才是真正的普世價值觀〉（2011-5-29）、〈現在時的公正與良知是檢驗真理的標準〉（2011-11-21）、〈公正是第一價值觀〉（2012-5-13）、〈公正第一〉（2012-10-26）等文的公開發表的時間，都在二十四字價值觀提出來之前。

搗亂之三——更有人說，胡錦濤很早以前就談到過「公正」了。與胡錦濤，我就不便爭了；然，難道汝不懂——胡錦濤談的「公正」，是在社會主義前提下的「公正」；而我闡述的「公正第一」、「公正是第一價值觀」，則是普世價值觀。

普世價值觀，懂嗎？現在，一般公認的普世價值觀，有自由、民主、人權、法治，也有的還加上平等。而我提出的是「公正第一、民權至上、自由永恒」。換言之，最重要的是——公正、民主、自由。且，公正是第一位的——有公正，才能保障人權、法治；有公正，也自然會有民主、自由。而有其他，並不等於一定會有公正。

這是人類、人類社會，對自身、自身所存在的社會的認知的一次重大突破，一次關鍵性進步。

「公正第一」，將關係到人類、人類社會面臨的越來越複雜的利益沖突——如，個人之間，個人與集團與國家之間；集團之間，集團與個人與國家之間；國家之間，國家與個人與集團之間……等等。

所以，人類與人類社會才迫切需要「公正第一」來駕馭認知。

盡管困難重重，也盡管人類社會追求公正的路、會很漫長，甚至崎嶇；然，人類是睿智的——人類既然能夠疏遠神權、王權，也一定能夠讓「公正第一」成為顯學。這，就是未來。

2023-8-17~19

23 「平民主義民主」之遭遇

——紀實、社會學・四千九百六十二

2018年4月10日，風北吹在顧粉團告知：孫立平的〈世界上在發生什麼——四個有意思的提法〉一文，在蓄意剽竊、分拆、派發我的《平民主義民主》一書的精髓。

當時，我正忙於編撰《中國民運人物誌（「封神榜」-反彈琵琶）》書稿，便問「能寫成文章嗎」，他說「能」。

2018-4-16，風北吹發表〈實質是平民主義民主——由孫立平【世界上在發生什麼——四個有意思的提法】想到的〉，摘要如下——

【其中，第二個提法：特朗普並不只是單獨的個人，而是一個新興社會運動的領袖。這是復旦大學中國研究院研究員文揚先生提出來的。

【第三個提法：精英犯了錯誤，命運掌握在小人物的手裡。這是班農提出來的。

【這兩點，實際上說的都是平民主義民主的不斷發展。「平民主義民主」，是顧曉軍先生提出的民主理論。

【而平民主義民主對壘精英主義民主的思想，顧先生早在〈平民主義民主才是中國的出路〉（2011-5-19）中即已有系統闡述，其中認為：「現今的美國民主，已經進入到了逐步平民化的發展過程中。」（其實，細讀顧先生的文章，會發現其平民主義思想的萌芽，早在這篇文章發表前幾年，即已在博文中出現並極具深度）

【特朗普當選，則無疑是對顧先生理論的現實印證。在特朗普當選前後，顧先生又發表了〈美國大選，平民主義民主而已〉（2016-11-9）、〈平民主義民主革命已悄悄到來〉（2016-11-10）。

【孫立平先生引用的第二個提法，是文揚在2016年12月發表的

〈繼續誤判「特朗普革命」將是巨大的危險〉一文。但，無疑「一個新興社會運動」的定性，是很含糊的，遠不如顧先生的「平民主義民主」的定性準確。

【孫立平先生引用的第三個提法，「精英犯了錯誤，命運掌握在小人物的手裡」，來自班農2018年初在日本的演講。

【班農的觀點實際是他對特朗普大選成功的經驗總結，也是對未來的展望。他另在演講中探討了在當今時代，「草根」崛起何以成為可能。

【而早在2012年1月24～26日，顧先生構思並完成了〈大民主社會概論〉，其中指出：「不管精英主義民主願不願意退出歷史舞臺，民主政治中的平民主義趨勢、都已步步緊逼，也終將取代已淪為保守主義的精英主義民主。」「隨著民主政治按照其必然規律與趨勢的不斷發展，精英主義本身、已成為阻礙民主政治發展的絆腳石，成為一種保守主義。而保守主義，不就是看不慣新生事物，反對變革與進步嗎？」】

看了風北吹的文章，找來孫立平的〈世界上在發生什麼——四個有意思的提法〉一看，明白了——這「四個有意思的提法」，前三個不過是鋪墊，為販賣第四個——「第四個提法：中國的整體實力已超過美國，成為世界第一。這是胡鞍鋼教授提出來的」。

為何如此說？一、體製內的所謂教授，都是吹鼓手。二、搜索「孫立平」，百度百科介紹孫立平的主要學術貢獻是「總體性社會」、「總體性資本」。

何為「總體性」？總體性，是匈牙利共產黨人盧卡奇（1885-4-13~1971-6-4）的創造，為馬列理論經典。用今天的話說，就是「社會主義能集中力量辦大事」。孫立平竊來證明現實合理。

如此，還不能夠說明——孫立平與胡鞍鋼是一丘之貉嗎？

顯然，兜售胡鞍鋼的「中國的整體實力已超過美國，成為世界第一」，只是孫立平的〈世界上在發生什麼——四個有意思的提法〉的目的之一。另一個目的，就是要在「不經意」中糟蹋我的

《平民主義民主》一書及思想。

那麼，孫立平為何要蓄意剽竊、分拆、派發我的《平民主義民主》一書及思想？顯然，是接受了某些人的指令，通過圍剿、封殺、活埋我，而封殺、活埋我的「平民主義民主」等。

所幸，孫立平及其背後的人的意圖，及時被風北吹所發現。

遺憾的，是風北吹只注意到孫立平蓄意剽竊、分拆、派發我的《平民主義民主》一書及思想，沒意識到孫立平的〈世界上在發生什麼——四個有意思的提法〉中的「第一個提法：過去40年全球化面臨清算。這是劉煜輝先生提出來的」，也是蓄意剽竊、派發，是剽竊、派發我的經濟學著作及思想——我的《貿易戰》一書。

《貿易戰》，出版於2019年3月，收錄了我寫於2018-11-2的〈我是世界反「全球一體化」的第一人〉；而該文的論據，則是我發表於2008-9-13的〈均富與競爭的矛盾〉（詳見《九月隨想》一書，2018年7月出版）。

反「全球一體化」，不就是對其的清算？在〈均富與競爭的矛盾〉中，我闡述「美國的反托拉斯法的主要法案，就是基於反壟斷的。然而，跨國公司的崛起與全球一體化的構想，正在繞過和摧毀反托拉斯法案的思想。世界經濟的全球一體化，實際上是在一系列的協議和條約的框架之下，讓勞動力、資本、商品、服務等自由流動。願望很好。但，人類與世界豈不就成了個超大型的托拉斯了嗎？關鍵，是在這個超大型托拉斯的內部，競爭將被一步步淡化、削弱」。

為何我要反「全球一體化」？因，「全球一體化」違背了我的哲學思想「多元論」，且其亦是逆世界應具有多樣性的共識的，甚至還是一整體至上價值觀的新變種。

「全球一體化」在其冠冕堂皇的掩蓋與隱藏下，是強者對弱者的掠奪、剝削——僅高端設計與低端製造的附加值，就永遠不可能對稱；且，還有原材料生產及粗加工，亦不可能與高端對等。如此，不就是巧言之下的掠奪？

基於這樣的認知，我在十年前就洞見到了「全球一體化」必將走向末路。因此，劉煜輝的「過去40年全球化面臨清算」，即使不算抄襲，也整整晚了十年。而孫立平的派發，不就是對我的封殺、活埋？

回到風北吹發現的孫立平對我的《平民主義民主》一書及思想的剽竊、分拆、派發上來。於孫的所謂「第二個提法：特朗普並不只是單獨的個人，而是一個新興社會運動的領袖。這是復旦大學中國研究院研究員文揚先生提出來的」，我已引用風北吹的揭露與論證，以下再介紹我的「平民主義民主」的緣起。

或許，為寫小說而自我標榜的「親近小人物，關注他們的命運與艱辛」，是我的「平民主義民主」的原始基礎。

「打倒魯迅」之後（2009年），我在博客上談「大民主」（寫了不少文章），有網友跟帖，擔心我會滑向毛式民主、文革；我的回答是，不可能。

因當時我雖未形成「平民主義民主」概念，然，很清楚——憲政是在民主的基礎上，先制定規範權力的憲法，而後才是民法、刑法。

2011-2-1，我又發表〈大民主時代的民意、思想家、總統〉，梳理三者關係。記得，很受歡迎。

2011-5-19，我發表〈平民主義民主才是中國的出路〉。此後，「大民主」與「平民主義民主」兩個概念同時存在。

於上的「很受歡迎」，我查了下——2012-1-1，網友華夏黎民黨著有〈2012年元旦重溫顧曉軍先生的【大民主時代的民意、思想家、總統】〉。因此，我2012-1-2又撰寫了〈說說大民主〉，將華夏黎民黨的文章收入作附件。

2012-1-24～26，我發表〈大民主社會概論〉，其中有「平民主義民主論」等章節。此時，「大民主」與「平民主義民主」兩概念並行。

此前此後，因這世間竟盛行所謂「維權」——把仿製圓明園十二生肖獸首的贗品，說成藝術品等；把18歲前不識字、編造10秒內徒手翻越4米高牆的騙子，說成盲人律師等；竟還推薦謊說腦門上中了一槍卻仍大睜著雙眼、豆腐乾大小一塊紗布上雪白乾淨、居然沒一絲血跡的女騙子角逐諾貝爾和平獎，我便回避「民主」、「人權」字眼，提出「公正第一、民權至上、自由永恒」。

「民權至上」，是回避「民主」、「人權」，也是隨我的「公正第一」順下來的，與孫中山的三民主義的「民族、民權、民生」中的「民權」無關。「民權至上」，說的還是民主和以生命權、自由權與財產權為核心的人權，但、是對所謂「維權」之騙局的矯枉。

自然，不提「民主」、「人權」的「民權至上」及「大民主」，很容易被誤解；深思後，我決定回到「民主」的字眼上，確立「平民主義民主」。

2012-5-17，我又發表了〈平民主義民主的價值觀〉。

就「平民主義民主」，我還先後撰寫了〈「不成熟」的是民主而「成熟」的是王道〉、〈民主ABC——給毛左大將卜移山〉、〈民主ABC——答網友的部分跟帖〉、〈民主ABC（三）〉、〈民主ABC（四）〉、〈九月隨想（五十・給民主帶路）〉、〈平民主義民主的價值觀〉、〈顧曉軍主義民主價值觀〉、〈民主價值觀的趨勢〉、〈民主在於實踐〉、〈討好民眾〉、〈平民主義民主的由來〉、〈民主與常識和趨勢〉、〈思想是武器〉、〈平民主義民主社會〉、〈平民主義民主說〉、〈為什麼需要平民主義民主？〉等百余篇文章。

值得一說的，還有所謂「民粹」。有些莫名其妙反對「平民主義民主」的人，總懷疑「平民主義民主」是民粹。我的回答，一、「平民主義民主」不是、也不提倡民粹。二、民主是怎麼來的？不就是貴族們披堅執銳、從王權那裡爭取來的？如此，平民主義者、為何就不可以和平的方式向權貴與資本爭取「平民主義民主」呢？

此外，我還更正了「平民主義民主，終將取代保守主義」的觀點，闡述——在未來的、民主政治成常態化的世界裡，將會是精英主義民主與平民主義民主並存——精英主義民主取代了王權等之後，將成為社會的主流；而平民主義民主，則會取代先前精英主義民主的地位。

在一系列的思想、理論的問題解決後，我於2016年11月出版了《平民主義民主》一書。

可萬萬沒有料到，孫立平竟在2018年4月9日發表的〈世界上在發生什麼——四個有意思的提法〉中，說「第二個提法：特朗普並不只是單獨的個人，而是一個新興社會運動的領袖。這是復旦大學中國研究院研究員文揚先生提出來的」。

孫立平籠統地說「特朗普並不只是單獨的個人，而是一個新興社會運動的領袖。這是復旦大學中國研究院研究員文揚先生提出來的」，而風北吹查到了文揚2016年12月發表的〈繼續誤判「特朗普革命」將是巨大的危險〉，並指出「無疑『一個新興社會運動』的定性，是很含糊的，遠不如顧先生的『平民主義民主』的定性準確。」

其實，又豈止是定性之含糊與準確的問題？正如風北吹所論證——我於2016-11-9發表〈美國大選，平民主義民主而已〉、2016-11-10發表〈平民主義民主革命已悄悄到來〉。而文揚的〈繼續誤判「特朗普革命」將是巨大的危險〉，則是2016年12月發表的。誰又能說他就不是抄襲呢？

而於其定性之含糊，則實在是文揚的無能為力——因早在7年前，至少在2011年前，我就從「大民主」到「平民主義民主」，以百余篇文章不斷論述，把地盤都佔了——於文揚而言，無路可走；一走，必落入我論述過的窠臼。

最後說孫立平的「第三個提法：精英犯了錯誤，命運掌握在小人物的手裡。這是班農提出來的。」

說清這一問題，得從郭文貴說起。因2016年3月19日，劉剛寫了篇〈顧曉軍是先知先覺〉。2017年初，我正在推特上與劉剛打情罵俏。突然，郭文貴火了，劉剛就去湊郭文貴的熱鬧。然，郭文貴卻拿劉剛不吃勁。一日，我在推特上偶遇郭文貴；郭文貴則立馬畢恭畢敬地說，「顧曉軍先生，您好！」等。這下，劉剛吃醋了。

按說，劉剛是八九學運領袖之一、高自聯的創始人，在通緝名單上也排在第三，且有秦城經歷等。而我，雖早有「天安門四五運動的先聲」等，但並不廣泛為人們所知；余下，只有小說與在哲學、社會學方面的思想創新及理論成就。但在一般人看來，定是劉剛更大名鼎鼎。除非是些看重哲學思想、社會學成就的作用與意義的人；那麼，郭文貴是這樣的人嗎？顯然不是。如此，就只可能是郭文貴背後的人、在影響著郭的態度——錯把我比劉剛更看重。

雖郭文貴對我很尊敬，然，我以為——郭文貴未必如他所言，是從大陸逃出去的。後來，美國抓郭文貴，亦或是學樣——把其他問題，作經濟處理。

就郭文貴的輕看劉剛、而重看我的態度，我亦以為，這是離間，而後是孤立。那麼，郭文貴欲離間顧劉之後、孤立劉剛嗎？顯然不是。因，劉剛在海外有的是市場。如此，就可看出來了——郭文貴的一系列動作，旨在孤立我顧曉軍。

至此，郭文貴才玩了第一層。2017年4月5日，班農退出美國國家安全委員會；8月18日，又辭去白宮的職務。無所事事的班農，也像劉剛等一樣、被郭文貴吸引了過去；郭文貴常在推特上炫耀，與班農一起喝高檔酒等，兩人成了酒肉朋友。這時，郭文貴開始玩第二層——向班農輸送我的《平民主義民主》一書及思想。

風北吹文章說，「班農的觀點實際是他對特朗普大選成功的經驗總結，也是對未來的展望。他另在演講中探討了在當今時代，『草根』崛起何以成為可能」。不對，特朗普2016年11月8日就勝選了，有大半年的時間，班農為何沒有總結？而恰在與郭文貴成了酒肉朋友後，突然開竅了？而於「草根」崛起，本是《平民主義民主》一書的主題，書中論述比比皆是。

回想郭文貴對我和劉剛的異常態度，還不能說明什麼嗎？再立體思維下，班農2018年初在日本的演講與孫立平的「第三個提法」是偶然的嗎？這難道不是張早已織就、活埋我《平民主義民主》的巨網？

像孫立平這樣的所謂教授，不就是某些人的槍手？只要需要，他們出手活埋別人又算得了啥？

重要的，是孫立平「1978年入北大中文系新聞專業學習，1981年入南開社會學專業學習；1982年北大社會學系任教」（百科）；如此，他只有3年新聞大專與1年社會學速成班學歷，是無真知灼見、只會熬年頭的所謂教授，且只出版過《社會現代化》、《發展的反省與探索》、《傳統與變遷》三本抄來抄去、ABC類的教材，加《斷裂》、《轉型與斷裂》、《失衡》三本論證政策合理的、調查報告類的、拍馬的所謂著作。當他見到出版了一部長篇小說、五本中短篇小說集，又出版了獨創的哲學的《大腦革命》、《GuXiaojunist Philosophy（顧曉軍主義哲學【英文版】）》和首創的社會學的《公正第一》、《平民主義民主》及經濟學的《貿易戰》等等的我，怎能不嫉妒？

嫉妒心使他膨脹，為泄私憤，就對我的《平民主義民主》及《貿易戰》下手了。

然，犬儒終究只是犬儒。孫立平及郭文貴和班農及身後的人等，忘了——我的《平民主義民主》及《貿易戰》等書，除有正規紙質出版物外，更是寫一篇發一篇地發在網上，有無數讀者讀過，更有顧粉團的《向諾貝爾和平獎、文學獎推薦顧曉軍》（2018年4月初版，2019年1月再版）等書與文，向諾獎及全社會廣泛推薦過。

如此，即便孫立平等再剽竊、分拆、派發，就能圍剿、封殺、活埋得了我嗎？他們，終是徒勞。而「平民主義民主」等，也終將走向未來，成為人類社會的明天。

2023-8-14

24 「自由」之思想闡述

——思想、哲學·四千九百五十七

自由，既是一種思想，也是一個哲學概念。

「自由論」在「顧曉軍主義哲學」中，是「公正第一、民權至上、自由永恒」三位一體的「平民主義民主」思想。

以下，分十二個部分、用散點的形式，闡述我的「自由」之思想，以回避過於枯燥的論述。

其一，說到「自由」，讓我想起一位反對自由的網友對我的「抨擊」，他道「沒有絕對的自由」。

我說過有絕對的自由嗎？相反，我以為，凡構成社會的地方，就沒有絕對的自由。因只要是同時同地存在兩個人，哪怕是這兩人的關係再密切，諸如夫妻（或情侶）、父子或母女等等，就不存在絕對的自由了；因，假如這兩個人中的一個，獲得了支配他人自由的權力，那麼，另一個人就必然失去了絕對的自由。兩個人尚且如此，又何況社會？

就如同，沒有絕對的真理、沒有絕對的公平、沒有絕對的平等……等等一樣，在這人世間，也沒有絕對的自由。

所有反自由的人，往往用沒有「絕對的自由」之類，把問題探討引向歧途。

第二，2008-8-27，針對跟帖「樓主需要重新補上馬克思主義哲學這一課」，我寫下〈就思想而言，每個人都該是一個鮮活的自己〉。

從原理上講，憲法是規範權利的，其他法才是規範個人的；因此，只要是刑法等法沒有規定的，都可以做。這，便是一個社會人應當擁有的自由。

當然，社會與社會不同，因此，有時不得不考慮國家意志、道德規範等。即便這樣，也不能用某一思想統一全社會、統一每個人；若定要這麼做，就只能是培養出大量口是心非的人。

法律，不可以誅心。就思想而言，每個人都該是一個鮮活的自己。思想，是自由的最後領地。

其三，我在《大腦革命》（2015年7月出版）一書中告誡大家，人們總愛推崇法國思想家、哲學家盧梭，把他當成自由主義的先哲，尤其是把他的「人生而自由」當成自由主義的經典。

其實，「人生而自由」是斷章取義，盧梭的原話是「人生而自由，卻無往不在枷鎖之中」。由此可見，「人生而自由」不是主旨，在原話中是「卻無往不在枷鎖之中」的鋪墊；「卻無往不在枷鎖之中」，才是原話的本意，也才是盧梭想要表達出的——對自由的無奈之心境。

再，從盧梭重要著作《社會契約論》看其思想本質，他也不是自由主義者，而更在意社會性。

許人們太需要「人生而自由」，所以才會以訛傳訛；然，這卻於無形中擡高了這位非自由主義者的思想地位；如此，只會給自由價值觀帶來紊亂。

在顧粉團的探討中，盧德素指出「許良英批評他（盧梭）反民主，王元化批評他（盧梭）反個人自由」，「盧梭的自由觀，傾向兩個極端，一是絕對自由，有違社會公正；一是設想用社會契約限制個人自由——契約一訂，個人自由就被『公意』取代，結果導致國家壓倒社會，組織壓倒個人，整體至上價值觀統治一切……」。

糾正人們對盧梭的認知，於正確認識自由、絕對大有裨益。

其四，「人生而自由」其實還是句空話——誰的童年，可以為所欲為；誰的人生，不需要對自己的行為負責……既童年都不可能為所欲為，又何來「人生而自由」？

天生就有自由的，其實不是人們的人生，而是人類的思想；在《九月隨想》（2018年7月出版）一書中，我說「在思想的草原上，我打馬馳騁……白日，有滿眼看不盡的山花；夜晚，有數不盡的星星」。

思想，才是「生而自由」的；若沒人要求匯報，自己也不給思想設置藩籬。

記得，韓寒時代（假如可以把代筆猖獗的時期，也稱作一個時代），有句話很流行——「思想，有多遠就滾多遠」。或許，這是對束縛人們思想的一種反叛；然，這也是種無知——假如思想真的「有多遠就滾多遠」的話，那人不就成了一具具肉體的工具？

其五，馬克思主義說，人類社會曾有過一段「原始共產主義社會」，主要以狩獵和采集等方式獲取生活資料、氏族社會實行群婚製、氏族首領由氏族大會定期選舉產生，全體社會成員共同佔有生產資料。

荒謬，想當然。我不明白——上述論者，是欲圓「共產主義」之說，還是對「群婚」特感興趣？然，凡有思考能力的人，都應該能夠判斷出——既有氏族社會，就必有族長、長老。而那族長、長老，不就是一種王權的雛形？如那氏族大到國家，那長老、首領，不就是國王？如那氏族大到帝國，那長老、首領，不就是皇帝？

且，人的天性是自私的。一旦成為首領，誰又肯玩定期選舉、更換？一旦佔有生產資料，誰又願意全體成員共同佔有？

如此，又哪來的什麼「原始共產主義社會」呢？

所以說，人類原本是自由的，也無需「自由」這麼個概念。正是因為形成了社會，人類有了等級，人們受到了壓迫……所以，才需要追求自由。

從這個意義上講，算是「人生而自由」。

其六，2011-4-21～22，我曾寫過篇〈九月隨想（三四‧自由與長草的黨）〉。

「長草的黨」，看似不無輕慢之意，其實不然。因，「長草的黨」之「黨」，是一種泛指；如是，「長草」便是對「黨」的一種寫實。

試想，即便聖潔如孫中山及其理想，不最終也要求黨眾打手模

（即按手印）嗎？自然，我能理解——一次次的失敗，使孫不得不強化其黨的功能——只有統一全黨之意志，全黨才能如攥緊拳頭，並似巨人般地為共同之目標而浴血奮戰。

然，連意志都被收攏，哪還有思想的自由與自由思想之花？而沒有這些，如此的黨內、思想還不荒蕪成野草般？

其七，思想，是人類的靈魂，也是人類有別於其他動植物的關鍵之所在。

然而，政黨總是要統一思想、統一意志的；如此，才能一聲令下，全黨如虎狼之師奮勇向前。

顯然，思想的自由與政黨的統一，是一對矛盾。那麼，誰是綱、誰是目呢？既然思想是人類的靈魂，那麼，政黨的統一就只能是目。

如此，我的結論是——在人類歷史長河中，政黨一如終將逐漸消失的神權、王權，也總有一天會退出歷史舞臺。

自然，政黨從社會生活中消失得不見蹤影，還很遙遠，甚至遙不可及。正如此，我以為——在政黨消失之前，很可能會走向美式政黨的松散化。

當然，政黨松散化式的政治民主，也有弊端，如決策需辯論等，不易立竿見影；然，諸如此類都會在歷史進程中得以解決，就如同社會主義將西方送進了福利社會一樣。

第八，有些道理需掰碎了細細地品。以賽亞・伯林有「積極自由」（能做什麼的自由）與「消極自由」（不做什麼的自由）之建樹。

2013-10-27、28，我在〈閑話「自由」〉與〈閑話「自由」（二）〉（見《公正第一》，2016年4月出版）之中，把「自由」分成——本體單元與精神單元（精神單元與本體單元，來自於靈與肉）。在本體單元中，又分自然屬性與社會屬性。自然屬性裡，還分第一性與第二性。社會屬性裡，則分法與泛法兩個層面。在法與泛法裡，亦存著在著第二性……而精神單元中，則又分文本與非文本兩個界面。

許有人會問,「顧曉軍主義哲學」不倡導「化繁為簡」嗎?為何又要搞複雜化?因細分後可一目了然看清,對應在「自由」的自然屬性裡的人性中的自私,是不可被改造的;在外力強壓下,或許會收斂,然,一旦外壓松懈,便又會自然恢復如初。如是,於相近的思想等,亦最好別試圖去泯滅其存在的自由。

而對應在「自由」的社會屬性的部分,則必然受到當時的法令的製約;因此,最好的處理方式是妥協,而不必像盧梭那樣「卻無往不在枷鎖之中」地哀嘆與掙扎。

精神單元,分文本與非文本,則為厘清——諸如思想、政治、哲學、文學、藝術、宗教及建築、繪畫、音樂、舞蹈、電影、廣告等,既要自由,亦不空想沒有禁忌,古往今來皆如此。只有意淫可除外。

概括也罷、細分也罷,說來說去,都是旨在尋找自由的邊際;只有邊際清晰,才有真正的、充分的自由。籠統地說「人生而自由」,只會讓人們陷入矛盾之中。

自然,法與道德,於歷史長河中亦非恒定;因此,自由才有了爭取的空間。

第九,任何一個社會的權力,總是掌握在這個社會的少數人的手裡。而當少數人制定的某項政策,不符合多數人的意願時,這時的社會,是不穩定的,也無法穩定。

社會,總是要變的,也一直在變,只是不易被人察覺而已。

然,掌握權力的人,總是不希望社會改變;因為,無論是什麼人,當他掌握權力的時候,正是他最愜意的時候。如此,他又為何要讓社會改變呢?

蓄意不讓社會改變,禁錮的不僅是人們,同樣也剝奪了社會的自由——社會本身,也是有自由的。它的自由,像山川、大地、江河、湖海,也像四季,更像它自身的漸變——不易被人們察覺。

第十,社會,不可能走在思想的前面。而自由,也不可能在社會之中完全舒展開妙曼的身姿。

人們，總是希望社會穩定；其實，社會的不穩定就是一種穩定。而當社會真的像一潭死水時，自由屬於權力，並不屬於普通人。

穩定的社會，往往是病態的社會——穩定的成因，不是高壓，就是心死——都集體躺平了，還不是社會病了？

集體無意識，既是自由病入膏肓，也是社會患了絕癥——沒人知道何時突死。人類會延綿，自由亦永恒；而不能繼續的，就只能是苟延的社會。

十一，以下摘自我的《九月隨想》一書。

在夢裡，你爬呀、爬呀……回頭一看，是懸崖絕壁；一驚，你掉了下去……你哭呵、喊呵……醒來，卻在床上。在夢裡，你飛呀、飛呀……自由翱翔、快樂無比；醒來，卻在牢籠裡。

社會，像個大監獄，大家都是——囚徒。只不過——高官的看守，叫警衛；富人的看守，叫保鏢……而窮人的看守，是夫妻。

所謂道德，不過是統治者的——法外之法——精神層面的控制。道德，對百姓而言，永遠是自由的羈絆、精神的牢籠。

什麼是幸福、美好？自由就是幸福、美好。沒有坐過牢的人，未必能體會透自由的幸福與美好。坐過牢的人，卻沒一個願意再回到牢房裡去。

魯迅的愚昧，在於——他自己追求自由、尊嚴、幸福……卻用「改造國民劣根性」對待民眾，且還要「哀其不幸，怒其不爭」。魯迅是把自己當成了帝王——一個精神王國裡的君主，他用專制、愚昧主義的手段，教化——他認為愚昧的國民。

魯迅的一生，最不自由——向往愛情時，已有媳婦；想報答大清，被秋瑾一頓臭罵；誠心加入左聯，又被周揚等死死看守著……死了，還被許廣平說成——〈毛澤東思想的陽光照耀著魯迅〉（魯迅的一生，是不幸的。他有老婆，卻沒有愛情；有二奶，卻沒有理解……喜歡的女人，嫁給了別人；談得來的蕭紅，又不能上床）。

在中國，應當拋棄兩千多年的孔孟之道，重建現代道德體系。這個體系，應當以自由、獨立、愛……等作為元素；她，應當是一種精神、知識分子的一種自我完善，而不僅僅是用於教化他人及百姓。

自由究竟是什麼？於個體而言，自由就相當於交配權。沒有交配權的個體，如同工蜂、工蟻。而工蜂、工蟻，是名副其實的奴隸。

反對自由，無非是要人們舍自己、去殉道。反對自由的本質，是反人性——犧牲自己，而服從某種教義。

思想，是生殖系統。有了自由，才有交配的權力。如若把思想比作蕾，那麼，言論就是開出的花——表現思想種種能力的外部器官。

思想，有時候是琢磨，有時候是奔騰；有時候像微風細雨，有時候又似山呼海嘯……

思想好比是莊稼，只有見到陽光，才能瘋長；總是藏著掖著，只會腐敗、糜爛、壞死……沒有其它出路。思想又好比是駿馬，只有放縱，才能狂奔；如果長期栓在馬廄裡，縱然是千里馬，也會被栓成駑馬。

自由，是天足；宣揚自由，就是放足，就是倡導——解放被纏裹的快要發臭的思想。

自由，就是每一個人、都可以作自己的主。民主，只是護衛自由的衛隊、羽林軍……

空間，是自由的基礎；社會，是自由的牢籠。攀得越高的人，越沒有自由的思想……

思想，是思想家的語言。

自由，是試金石。

十二，「自由」，貌似反社會；因，社會追求穩定的結構。前衛的思想，也貌似反社會；其實，恰恰是前衛的思想在推動著社會進步。因此，進步的東西往往都會被誤解。

然而，當一個社會中的絕大部分人的自由被沒收，或被忽悠……這樣的社會看似平靜，卻是最不安穩的時候——因，對每個社會人而言，自由於他們是安定因子——被剝奪的越多，內心的躁動就越大。

同理，前衛的思想是引領社會前行的頭馬；如果殺了頭馬，那麼，要麼是社會停滯不前，要麼是被驅趕著向前。

推動社會進步，卻常被誤解，這是被誤解的不幸，又何嘗不是社會的不幸？

本文中，有的部分是換種方式表達《平民主義民主》（2016年11月出版）等書中之〈要自由〉等文的要義，這些文章還闡述了——人類早期的自由與社會層面的自由，是兩個完全不同層面的自由等等。

又及，本文剛貼出去，就有不少網友跟帖——胡思：「行為自由是所有動物的本能需求，但思想自由則是人獨有的需求，無論哪種本能，都不可以輕易扼殺……」

tengwang777：「自由的定義就是沒有限制，沒約束。限制有兩種，一種來自自然界，叫自然限制，比如人不能像魚一樣在水裡生活，魚也不能像人一樣在陸上生活。另一種限制是人為的，比如對人們思想言論的限制，遷徙、選擇職業的限制，叫做社會限制。沒有自然限制，叫做自然自由；沒有社會限制，叫做社會自由……」

以上，胡思說的「行為自由是所有動物的本能需求」，就是我說的「本體單元」；他說的「思想自由則是人獨有的需求」，則就是我說的「精神單元」。此外，tengwang777說的「自然限制」與「自然自由」，就是我說的「自然屬性」；而他說的「社會限制」與「社會自由」，則就是我說的「社會屬性」。

武川鎮流：「是翻譯的問題，liberty和freedom不是隨心所欲。」

武氏所指，當是我對盧梭的「人生而自由，卻無往不在枷鎖之中」的批評。我回復，「那《社會契約論》呢？也是『翻譯的問題』嗎」。他尚未回應。約，也不會有回應。對於名人名言，尤其是外國人的名人名言，中國人一直有種迷信的心態。這是一種悲哀。

2023-7-25~31

25 「顧曉軍主義哲學」的三個方法論

——哲學・四千九百六十

在〈「顧曉軍主義哲學」之誕〉裡已介紹「顧曉軍主義哲學」中的頂層構架——既是認識論又是方法論的「化繁為簡」、「立體思維」、「多意性」。

同時，也介紹了「顧曉軍主義哲學」的第二層構架——認識論的「公正論」、「民權論」、「自由論」（此「三論」，既屬哲學範疇，亦屬社會學範疇），及同層面的方法論的「多元論」、「趨勢論」、「否定論」。

「多元論」、「趨勢論」、「否定論」，雖是方法論，但也不能否定它們在認識論方面的意義（因此「三論」均為創新，有認識論的意義）。換言之，它們主要是方法論。

今天，介紹「多元論」、「趨勢論」、「否定論」及其背景，以便完成《顧曉軍紀實》一書中的「顧曉軍主義哲學」部分。

多元論

在「顧曉軍主義哲學」問世之前，這世上不存在多元論。盡管已有「多元論」這一名詞，但所謂的多元論表達的不是分析、闡述，更不是主張……甚至都不是學問，當然也不是哲學，只是佔用了名詞。

我的《大腦革命》（2015年7月出版）中的「多元論」，由2014-3-13～14撰寫的〈多元論〉構成：而該篇論文的背景，則是寫於2009-3-23～30的〈顧曉軍主義哲學：兩種論〉，全文如下（略有刪節）——

兩種讀書法

一位學歷較高的女網友，在我博客上玩。

見我推寵張筱雨，搜索……看了幾十張圖片後，來說：張筱雨算人體藝術？見過大衛、維納斯……嗎？我真懷疑你的學歷。

西方人體、藝術？汲水少女、撒尿的小男孩……不都很自然主義嗎？

可見——讀書，至少有兩種：一種，讀它個融匯貫通，而後把書扔掉；一種，是死讀書、讀死書。

兩種生命力

寫了篇〈顧曉軍主義：粗俗美與生命力〉，又遭網友痛罵。

我的語言、文字，粗不粗俗？粗俗。可，「顧曉軍言論」這塊思想的土地上，雖雜草叢生，卻生機無限……近，稍作整理，已編成了《打倒魯迅》、《評論中國》、《戲說明星》。

三本書呵！三塊生長著時鮮思想的園子。且，還有《顧曉軍主義》，這也是一株早早晚晚要長成參天的思想大樹的呵！

去年，趙忠祥作詩，不少人嘲笑；我勸老趙，〈不必為詩好詩孬太在意〉。

為什麼呢？古體詩，古玩。不就是把玩嗎？想怎麼樣？能怎麼樣？復興？成氣候？大街上人人搖頭晃腦吟詩？做夢去吧！

當然，古時古人作古體詩，也曾有過像現在顧曉軍主義一樣的生命力；然，時過境遷，古詩已成了古玩。

古玩，算不算生命力？算生命力。但，這是兩種生命力！

一種，是生機無限的、生長的生命力；一種，是苟延殘喘的生命力。

兩種認識論

我們生存的這個世界上，現在主要有兩種認識論。一種，叫唯物主義；一種，叫唯心主義。

唯物主義認為：物質決定意識，物質是第一性的、精神是第二性的。

而唯心主義認為：物質依賴於意識而存在，意識是第一性的、物質是第二性的。

兩種認識論，各執一詞，誰也不肯讓誰；唯物、唯心，便成了唯我、唯一。

我顧曉軍，以為：唯物主義、唯心主義，這兩種認識論，其實就是一種認識論——排他主義認識論。

若把唯物、唯心歸納為排他主義認識論，而顧曉軍主義哲學的兩種論，為另一種認識論；那麼，這個世界上就又有了兩種認識論。

其實，讀書法也罷，生命力也罷，認識論也罷……一切，都必然會有兩種以上。

而排他主義，不過是一種偏執。

兩種方法論

我們生存的這個世界上，主要有兩種方法論。一種，叫辯證法；一種，叫形而上學。

形而上學認為：形而上學是第一哲學、是人類的知識根基，物理學及其他自然科學，則是生長於根基之上的樹幹、枝葉。

於是，相對於形而上學的辯證法，便誕生了。辯證法的直譯為：談話、論戰的技藝、邏輯論證的形式。

兩種方法論，各執一詞，各不相讓。其實，前一種，是較明顯的異想天開；而後一種，是看似有理的胡攪蠻纏。

辯證法與形而上學，都偏執。因此，我把它們歸結為：偏執主義方法論。

若把辯證法、形而上學歸結為偏執主義方法論，而顧曉軍主義哲學的兩種論，為另一種方法論；那麼，這個世界上就又有了兩種方法論。

世上萬事萬物，無論認識或處理、對待的方法，不可能只有唯一、唯我的一種，定有兩種以上的認識與方法。

西方哲學批判

千百年來，唯物與唯心和形而上學與辯證法，相互攻訐、卻誰也不能說服誰；那麼，就只有一種可能：它們，都不是真理。

自魯迅們引進西方哲學後，西方哲學就佔據了中國的書本與課堂；古老的中國哲學退休了，新生的星星點點的本土哲學在校外流浪。

然，西方哲學也只是佔據了書本與課堂。生活中，中國的老百姓，不喜歡、不運用。為什麼呢？西方哲學，繞人、難懂。西方的老百姓就喜歡、常用西方哲學嗎？也未必。

認識論，是解決「是什麼」；方法論，是解決「怎麼辦」。而把簡單搞複雜，這便是西方哲學。

世間的學問，都應當是：想到難，說清楚也難。一旦說清楚，學起來就相對容易了；而學會後，一旦運用得上，則如虎添翼。比如：電腦，就是這樣。

難，應在於——同樣東西，運用水平、利用能力、再開發能力……之不同。

這，如同我開篇說的融匯貫通與讀死書。讓人越學越糊塗的學問，當叫術；術，一般是用來忽悠或騙人的伎倆。

在〈顧曉軍主義哲學〉中，我說過：哲學，就是一個淳樸的道理，能涵蓋其它複雜或不複雜的道理。如此而已。

妄稱萬學之學的西方哲學，化簡為繁，是方向錯了。所以，千百年來辯不出個結果。

這，也是為什麼我要在本篇引導、認識兩種生命力之所在。西方哲學，如同中國的古體詩，屬古玩；將步向博物館，成為人類的思想藏品。

兩種論定義

世上的任何事物，都有兩種及兩種以上的認識。

同樣，世上的任何事物，也都有兩種及兩種以上的處理方法。

而任何唯一的、唯我獨尊的、排他的、偏執的……都是錯誤的認識與方法。

兩種論意義

一、糾正排他、偏執：

西方哲學中，無論認識論還是方法論，都排他、偏執。受其影響，魯迅成為了中國著名的排他、偏執狂。

魯迅被推崇，導致後來出現文化大革命、產生無數小魯迅……排他、偏執，蔚然成風。

大國崛起，亦含包容力的崛起。很難想象，在未來、多元的社會裡，一個供奉著排他、偏執神主牌的國家，能領導世界向前進。

二、改造思維模式：

大國崛起，除了思想崛起；國人普遍的思維模式，也應走在世界的前列。

在〈顧曉軍言論：思維模式與改造思維〉中，我呼籲「全社會改造思維」。

那篇文中，我還分析、告訴大家：魯迅的「痛打落水狗」、「一個也不寬恕」，都是排他、偏執；而究其根源，則是他的思維模式相對簡單。

改造思維模式，用「一、二、三……1、2、3……」的常規樹狀思維訓練，見效慢；用兩種論普及教育，乃為民族計較。

三、人類思維進步：

人類之所以能夠主宰世界，不在於強大、而在於我們的思維能力超過了其它物種。

若物種進化原理仍然有效，那便是——實際上，所有物種一直在不易察覺中、進行著一場馬拉松式的進化競賽。

放松思維能力的進步，意味著：在未來，人類有被其它物種超越、甚至奴役的可能。這不是什麼危言聳聽。誰能肯定沒有外星人，且永遠不可能出現呢？

用兩種論改善、推動人類思維進步，乃為長遠計較。

兩種論應用

一、大處著眼：

喬志峰在評《中國不高興》的文章中道：「顧曉軍說：大國崛起，說到底就是思想的崛起，準確地說就是思想解放的精神的崛起。我深以為然。」

束縛自己，無異於授人以劍。任何事情，都有兩種以上的認識與方法……

二、小處著手：

千百年來，中國為一個普通得不能再普通的小問題長期困擾著、痛苦著、傷感著……這，就是婆媳關係。

多年媳婦熬成婆。一般，婆婆總以自己的認識與自己的婆婆用言傳身教傳授給她的方法對待媳婦，並固執著。周而復始，這般循環。

如果普及兩種論，婆婆自然懂得：任何事情，都有兩種以上的認識與方法……

三、推而廣之：

兩種論告訴世界：思維，不必遵循由甲到乙、由乙到甲的直來直去的線狀模式；思考，不是判斷，不必對號入座，更不應非黑即白……好人、壞人，是對低齡兒童的引導；在適當的時候，應該糾正，並告訴孩子們當初為什麼要這麼說。

兩種論將影響大家：少排他、不偏執，走出唯一、唯我的認知誤區。

兩種論還可引導人們，擺脫在線狀思維模式中的反思；因，線狀思維模式中的反思，往往只是一種破壞力。只有擺脫了簡單模式的反思，才能煥發出創造力。

結束語

兩種論，是新思維，是哲學創新。

兩種論，打破認識論與方法論各自的轄區，將「是什麼」與「怎麼辦」融匯貫通。

一如顧曉軍主義哲學中的趨勢論，兩種論亦遵循方法簡單化、思維複雜化原理，實踐讓哲學走出象牙塔、走進尋常百姓的生活中。

世界，是多樣的；未來的社會，將更加多元。

願百姓生活與哲學思想，都能像蝴蝶樣活得精彩；而不似工蜂、工蟻，只是活著。

〈顧曉軍主義哲學：兩種論〉引用畢。

這，就是「顧曉軍主義哲學」的多元論的基礎與背景。而所謂唯物主義、唯心主義的多元論呢？2014-3-13～14我在〈多元論〉中批評過，然，剛去百科看了，竟還是「中國古代哲學家將萬物的本原歸結為『五行』，即金、木、水、火、土。這些都是唯物主義的多元論。近代德國的G.W.萊布尼茨認為世界由無數獨立的精神性的『單子』所組成，是無數單子的和諧的體系，這是唯心主義的多元論」。

顯然，「金、木、水、火、土」表達的是這世界構成成份的不同，並不是一種多元的主張。而「單子」，更是一種憑空的想象，亦無從進行論證。

因此，在我創立以兩種論為背景的多元論之前，這世上並不存在經過分析、闡述、論證與主張等的、哲學的多元論，只有濫用「多元論」這一名詞的、淺薄的、莫名的故弄玄虛。

「顧曉軍主義哲學」的多元論，論證了世間萬事萬物在同領域內，往往有兩種以上的存在形式；處理的方法，同樣如此。因而，主張並倡導——認識可不同，思想當多元……任何哲學、思想、理想、信仰等等，都不應該排他，而和睦共存。也因此，任何一種認識、哲學、思想、理想、信仰等等，都不要去試圖主導這個世界；因為，這不僅僅是不科學，也必然會是一種枉然的徒勞。

只有放棄唯這、唯那，擺脫唯一、唯我、排他，從各種狹隘、偏執等等之中抽出身來，人類才會更加睿智，社會也才會更加寬容……而整個人類社會，才真正能擁有更光明的未來。

趨勢論

哲學，不是玄學，將「螺旋式上升」之類歸為方法論，是對哲學的褻瀆；因，「螺旋式上升」不能反映與解釋事物的普遍現象與發展規律，且「螺旋式上升」在自然界、在人類的生活及社會活動中，皆極為少見（除螺桿之類及直升飛機外，幾乎沒有）。

而趨勢，則無處不在。人類自身發展，有趨勢；社會發展，亦有趨勢；人類對自己的認知等，還是存在著趨勢……可以說，世間的萬事萬物，只要在生長、發展，就必然有趨勢。

日本人發明的K線圖，如今在股市及期貨等中廣泛運用。一根K線，表現一個時間單位裡的交易；而K線圖的走向，則預示著某一品種的趨勢。

趨勢，不僅描述商品、經濟等的走向，其實際上亦可記錄一個人、一個家族的發展……甚至可跟蹤一個集團、一個社會的興衰等等。

自然，在各種趨勢中，有的只是小趨勢，不是某事物本身的大趨勢。然，也有的，是必然趨勢，如生老病死等等。

正因萬事萬物的趨勢，複雜而變化多端；所以，才更需要記錄它們的軌跡、研究它們的規律。

研究趨勢，重在防範心智被蒙蔽、被一種趨勢掩蓋著的另一種趨勢所蒙蔽。

趨勢，總是客觀存在著的；關鍵，在於有沒有能力發現它。

認清趨勢，有經驗的成份（包括學識等），但更在於清醒與獨立思考；因此，認清趨勢與能力及年齡等未必成正比。所以，我們每個人都有可能成為、認清並準確研判出某一趨勢的高手。

這，就是「顧曉軍主義哲學」之趨勢論的哲學存在，也是人們了解並掌握趨勢論的普遍意義。

運用「顧曉軍主義哲學」趨勢論的好處，有三——其一，把握好自身趨勢；其二，借助於環境的趨勢（包括社會中的某一趨勢）發展自己；其三，幫助生存環境或社會改變不好的趨勢。

把握好自身的趨勢，可注意兩方面——之一，如果勢頭不好，想辦法止損；之二，如果勢頭良好，則設法保持勢頭使其健康發展。

而於借助於社會中的某一趨勢發展自己，則需注意多方面——之一，保持良知。比如，在某環境中，如發現某惡勢力發展勢頭不錯，總不至於也跟著走一程吧？之二，保持良好心態。遠距離觀察，不要總是想抓住所有的機遇；想不遺漏任何機會，跟的太多、太緊，則難免不摔跟頭。之三，在不違背良知，且看準了的情景之下，當該出手時就出手；然，又不能貪，不要總想著魚頭魚尾通吃……人心不足，恰恰是失敗的開始。之四，雞蛋不要放在一個籃子裡。之五，不要隨便加大杠桿。很多大佬突然崩潰，往往就是因其無限制地加大了杠桿……貪心，常是災難之源。

諸如此類的注意事項，可列出一萬條。而本質，只有一條——把握好趨勢、趨勢之外的趨勢。

而幫助生存環境或社會改變不好的趨勢，則是有能力人做的，常人可忽略不計。然，又不可袖手旁觀且泯滅良知。

由此亦可見，「顧曉軍主義哲學」的趨勢論，不僅實用，且用途極為廣泛。而「螺旋式上升」之類，則既不是哲學、不是方法論，更不能反映事物的普遍現象與規律；因，任何事物都至少有兩個以上的發展方向，而不可能一直上升。

簡單一句話，只要把握好趨勢論，就可能做人生的贏家。哪怕過去一直在輸家，一旦把握好了趨勢論，就既可能、也更可以把輸掉的、都贏回來。

否定論

我的「顧曉軍主義哲學」的否定論，不是「否定之否定規律」之類的故弄玄虛與胡攪蠻纏。而是以我自己的「前人否定前人，我們也必然被否定」、「前人，是通過否定前人站起來的。我們，也必然被後代否定」等哲學觀、而發展起來的。

於否定論，我先後撰寫過〈否定論〉、〈再論否定〉、〈否定論（二)〉、〈顧曉軍主義哲學第五講：否定論〉等。這裡，不展開，謹以精華奉獻給大家。

「顧曉軍主義哲學」之否定論的核心，是否定的三種原始形態——

一只生機勃勃的、不滿足於現狀的公猴，向老猴王發起挑戰，無非有三種結果：

一、老猴王或敗或死，新猴王誕生了。這是一種否定形態。

二、不滿足於現狀的公猴，在搏鬥中感到自己不是對手，為求生、落荒而逃。這也是一種否定形態。

三、不滿足於現狀的公猴，看似生機勃勃，卻還不是老猴王的對手；搏鬥中，被老猴王弄死了。這同樣是一種否定形態。

當然，人不是猴，但、人類與人類社會的變遷等等，不外乎以上三種否定的原始形態。

而這三種否定的原始形態，又可概括為——否定論的三種基本形式：一、你否定他人；二、你否定自己；三、他人否定你。

否定論的三種基本形式，也在告誡大家——現在否定過去，將來又否定現在。這，是必然，世上就沒有、也不存在什麼不朽、萬壽無疆等等之類。

而需進一步說明的，則是——其一，否定前人，既不是對所有前人的否定，也不是對某前人的觀點的全盤否定，往往只是否定某一前人的某個觀點；如果恰恰這個前人的大部分觀點都被否定了，那就只能說明他的觀點落伍了或原本就是錯誤的。其二，認知，具備通用性（或曰共用性）。具備通用性的東西，一般不會有人去否定；而真的到了某通用性的認知被人否定、且能夠否定得了時，那就只能說明——其曾具備的通用性，已經不復存在了。

換言之，人類需要前進，社會也需要前進；而前進，就必須滌蕩那些阻礙人類與社會前進的東西。「顧曉軍主義哲學」之方法論的否定論，就擔當著這樣一種滌蕩任何阻礙進步的責任。

這就是我的否定論的哲學存在與意義。而某一事物若被滌蕩，也恰說明其已不合理。而那三個基本規律中的「否定之否定」，則是繞人的、拗口的胡攪蠻纏的所謂哲學；很久前，我寫過篇〈顧曉軍主義：辯證法教你怎麼扯淡〉，調侃它——「你把飯吃下去，就開始否定飯。消化的過程，就是進一步否定飯；等到你拉出屎來，就徹底地把飯否定了。屎送去肥田，就開始否定屎。而屎助谷子發芽、長葉、開花……結成谷子、碾成米、再做成飯的全過程，是再否定。你再吃飯，就只能叫吃飯，而不能叫吃屎了。」

其實，不僅是「否定之否定」是種偽裝成學問的胡攪蠻纏，那「對立統一」亦屬於脫褲子放屁找事做；在三個基本規律中，只有「質量互變」尚有一定存在意義。

而「顧曉軍主義哲學」的方法論——多元論、趨勢論、否定論，則努力實現自身對社會的貢獻——多元論，實質是倡導、促進社會繁榮。趨勢論，實質是指引、保障任何一個人乃至整個社會走向良性發展。而否定論，則揭示——任何事物，都會死亡；哪怕曾被認為是真理，也會隨著社會的變遷、而出現退出歷史舞臺的那一天。因此，聰明人該做的是認清趨勢，而不是逆趨勢、甚至是頑抗，頑抗只會增加成本。

以上這點，也是我方法論的否定論、可作為認識論對待的重要基礎；當然，其主要還是方法論。

方法論，就是提取——萬事萬物中的「怎麼辦」的通用性。哲學，則是把提取出的道理，準確地表達出來；所有繞人、拗口的東西，其實都不是啥哲學，而是那些產品的「發明家」們為表現自己玩弄出的故作高深。

「顧曉軍主義哲學」的三個方法論——「多元論」、「趨勢論」、「否定論」，介紹完畢。它們的哲學價值，將會在未來社會中逐漸體現；這也不是啥自信，而是經歷過辯論與自洽的客觀。

2023-7-31~8-3

26 「顧曉軍主義經濟學」的三個驕傲

——經濟學・四千九百六十一

「顧曉軍主義經濟學」，又稱「通俗經濟學」，體現在我的《貿易戰》（2019年3月出版）一書中。《貿易戰》一書之中，有〈貿易戰是場思想的戰爭〉、〈貿易戰也是場文化的沖突〉、〈先進淘汰落後不存在博弈〉等等之闡述，也有〈通俗經濟學（100題）〉（對「經濟學的十個原理」、「經濟學的十個概念」、「經濟學的十個常識」等等進行了重新詮釋）等，然而，這些都不是我的驕傲。

「顧曉軍主義經濟學」值得驕傲的是——〈經濟學「時代指數」理論〉、〈經濟學「動態平衡」理論〉和〈我是世界反「全球一體化」的第一人〉。

以下，簡單闡述「三個驕傲」之原理以及它們的重要意義。

第一個驕傲，我以〈經濟學「時代指數」理論〉，解決了此前沒人注意、也沒人能夠解決的經濟學中的可比性。

雖然，上個世紀就已經有了比較經濟學，然，在這些所謂的比較經濟學中、並不存在可比性。

2009-2-22，針對當時的茅于軾等所謂的經濟學家們的溜須拍馬、紛紛說啥「中國所有人都是改革受益者」等，忽悠老百姓；我發表了〈中國沒有真正的經濟學家〉，表達這樣一個觀點——中國的改革開放，是模仿市場經濟、走別人正走著的路，沒有經濟學意義上的思想與理論的創新；所以，所謂的中國經濟學家，不過都是吹鼓手，最多相當於工程師、而非科學家一類，因而中國不存在真正意義上的經濟學家。

為論證這一觀點，在〈中國沒有真正的經濟學家〉一文的開篇，我推出「時代指數及指數曲線比較」，闡述——

一、人類社會經濟變化與中國經濟生活的時代指數及曲線比較

30年來，中國改革開放的成就，無疑是巨大的。但是，30年來，整個人類社會的經濟進步與發展，也是巨大的。

如果把30年來中國社會經濟生活的變化，作成一時間坐標上的曲線，其是上升趨勢線；同時，把30年來人類社會經濟生活的變化，也作成一時間坐標上的曲線，它同樣是上升趨勢線。把兩個圖相疊，就可以看到：30年來中國社會經濟生活變化的趨勢線的斜率，是高於30年來人類社會經濟生活變化的趨勢線的。

但，談改革開放成就時，必須扣減30年來人類社會進步與發展的值。就是說：談改革開放成就，不能與中國自己的30年前相比，沒有可比性；因為，30年來人類社會同樣也在進步與發展。為何要一定扣減呢？因為，中國原本就應該隨同人類社會一同進步與發展。

因此，談中國改革開放30年的成就，只能談中國社會經濟生活變化高出人類社會經濟生活變化的那部分。

二、中國經濟變化與其中群體經濟變化的時代指數及曲線比較

在建立了時代指數概念及其在時間坐標上的曲線後，我再說明一點：由於30年來，人類的進步及中國的大發展；所以，作為群體人的經濟生活變化曲線，大都是上升趨勢線。

至此，我們再來談：中國，是不是所有人都是改革開放的受益者，就容易多了。

我們只要把自己所屬的人群的30年來經濟生活變化曲線，疊加進30年來中國社會經濟生活變化與30年來人類社會經濟生活變化的比較圖，就可清楚地看出你所屬的人群30年來受益或不受益：

如果，你所屬的人群的30年來經濟生活變化的趨勢線，高於或等於30年來中國社會經濟生活變化趨勢線；那麼，你就是中國改革開放的受益者。

如果，你所屬的人群的30年來經濟生活變化的趨勢線，在30年來中國社會經濟生活變化趨勢線與30年來人類社會經濟生活變化趨勢線之間；那麼，你就只能算是人類社會經濟生活進步的受益者，

而不是中國改革開放的受益者，因為你已經落後於30年來中國社會經濟生活變化趨勢線了。

如果，你所屬的人群的30年來經濟生活變化的趨勢線，在人類社會30年來經濟生活變化趨勢線之下；那麼，你就更不可能是中國改革開放的受益者。道理很簡單：因為，你和你所屬的這部分人群，都已經被拋棄在了人類社會進步與發展的時代的岸邊，還怎麼可以算是中國改革開放的受益者呢？

在時代指數的曲線圖上，誰是30年來中國改革開放的高受益者、受益者或少受益、不受益以及受益度與受益的大小及其值，都是一目了然的。

在此，我顧曉軍，鄭重向中國與世界的經濟學界，提交：「時代指數」及其曲線的思想、理論及概念。

由上可見，諸如「中國所有人都是改革受益者」之類，是沒有可比較性的空話。同時，在我發明「時代指數」之前，中國的所謂經濟學家與世界的真正的經濟學家們的手中，也是沒有可比較的工具的。

我的〈經濟學「時代指數」理論〉，為世界經濟學界提供了合理的、經濟學意義上的、可比較的思路及其工具。

第二個驕傲，我的〈經濟學「動態平衡」理論〉，從經濟活動及經濟學意義的角度，簡化了對社會生活中的民主政治的觀察與理解。

因，民主政治社會生活，實際上就是通過選票實現糾錯；如是，拋開兩黨的政治、外交、軍事等等的政策不論，就經濟政策而言，可簡單地歸納為「發展」與「發錢」。比如，以美國為例，共和黨上臺，一般以積極減稅、拉動經濟發展等為主。而民主黨上臺，則一般會增加福利、加大社會投入等；如此，往往就采用增稅的政策。

當然，這裡只是指一般而言。有沒有特例呢？不能斷言沒有，但，有亦較少，可忽略不計。因此，在社會生活的經濟活動中，於一般的民主政治的社會，可將兩黨競爭簡化地看成「發展」黨與「發錢」黨之間的一種競爭。

如此的簡化，可便於低文化階層的人員參與政治、參與投票，更便於投票人能夠容易辨別與選擇較符合自己利益的政黨及競選人。

除民主政治、選票糾錯之外，「發展」與「發錢」也是一種動態平衡（名詞源於機械學之動平衡）。

經濟學意義上的「動態平衡」建立起來後，你還會發現——它是一個社會的經濟學的內在糾錯機製，通過「發展」與「發錢」實現動態平衡，且已不再與政治、外交、軍事等政策發生關係。

民主的福利社會，也不可能一味地「發錢」，使其最終成無米之炊；因此，需要「發展」來動態平衡、來保障。民主社會的本質，是資本社會；而資本的特征，就是利益最大化。如此，就又需要「發錢」來掣肘「發展」，甚至是糾偏。

這，就是我的「顧曉軍主義經濟學」的——始於政治製度、而終於經濟規律的〈經濟學「動態平衡」理論〉。

在〈經濟學「動態平衡」理論〉建立之後，它便與政治體製不再有任何的關係了。不信，可將「動態平衡」套用於其他形式的社會，同樣可以看到——「發展」到了某個階段，自然就會出現發展無力；這時候，其實就是到了該「發錢」的階段了。

「發展」與「發錢」，就是這樣地相互掣肘。而社會，也就在這樣的「發展」和「發錢」之中、不斷地相互動態平衡。

〈經濟學「動態平衡」理論〉，至少還有一個副產品（與我的哲學的「多元論」、「否定論」，有某種的一致性）——它告訴人們：正因為「發展」與「發錢」是一種相互的動態平衡，所以，在民主選舉中、平民百姓沒有必要參與族群撕裂——政治領袖廝殺，不說有既得利益，也至少是當總統與不當總統大不一樣；而平民百姓，又何必非要拼死一搏等等呢？

〈經濟學「動態平衡」理論〉，是一種睿智的經濟學的思想產品，也是一個有良知的經濟學的理論工具；並，可以將其延展到其他的學科中去。

所以，雖然「經濟學『動態平衡』理論」，不似「經濟學『時代指數』理論」那樣、具有很強的工具性、實用性，然，我仍然為擁有它而感到驕傲。

第三個驕傲，則是〈我是世界反「全球一體化」的第一人〉。

為何我會反、要反「全球一體化」呢？首先，「全球一體化」是違背我的哲學思想「多元論」的；其次，它也是逆世界應具有多樣性的共識的；甚至，它還是整體至上價值觀的一種新變種。

且，「全球一體化」還在冠冕堂皇下——掩蓋與隱藏著強者對弱者的掠奪、剝削等（僅，高端設計與低端製造的附加值，就永遠不可能對稱；何況，還有原材料生產及粗加工等，亦不堪與高附加值相比。如此，豈不是在巧言之下的掠奪）。

早在2008-9-13，我撰寫的〈均富與競爭的矛盾〉（詳見《九月隨想》，2018年7月出版），就對「全球一體化」進行了批判；現引用如下，略有刪節——

縱觀古今中外——

任何一次革命，都是推動人類社會前進與發展的動力。

而形成一次次革命的真正原因，是當時社會日益突出的分配不公。

領導一次次革命的政治家們的辦法，無非兩種：

一種，是許願：答應讓大家過得更好。

另一種，是給出均富的願景。

但，我們認真地分析一下就會發現：均富，只能是一時的，或是理想化的。

一時的均富，是可能存在的；但，其最終總會被一部分人渴望更富、而引發的競爭所徹底打破。

因此，均富就成了畫餅充饑。或，其一直是在一種理想化的想象之中。

可以這麼說：因為，人類無法克制貪婪；所以，人類也無法達到理想中的均富境界。

然而，均富的思想及其理論，卻必須存在，且永遠存在。因，均富是唯一能遏制無序競爭的對立面。

競爭，是推動人類社會前進的動力。

然而，當某一部分人或實體的競爭力不斷提升、達到了一定的階段，他們就可以隨意地消滅競爭對手。

如是，托拉斯、帝國，大王、皇帝……就出現了。

而這時，競爭的成果、就要反過來成為阻礙人類社會發展與進步的障礙。

美國的反托拉斯法的主要法案，就是基於反壟斷的。

然而，跨國公司的崛起與全球一體化的構想，正在繞過和摧毀反托拉斯法案的思想。

世界經濟的全球一體化，實際上是在一系列的協議和條約的框架之下，讓勞動力、資本、商品、服務等自由流動。

願望很好。但，人類與世界豈不就成了個超大型的托拉斯？

關鍵，是在這個超大型托拉斯的內部，競爭卻將會被一步步淡化、削弱。

想象，是美好的——

經濟聯合國誕生了！全球有序地「均富」。

國家，這種獨立的實體，豈不將成為調解鄰里關係的居委會？

然而，別忘了——本文前面的論述：均富，只能是一時的，或是理想化的。

也就是說：均富與競爭，永遠是一對矛盾體。什麼時候，讓它們不矛盾了；更大的矛盾，也就在醞釀與誕生之中了。

同樣，國家是人類社會中，最大的集團的競爭形式。

國家，如果真的被削弱了；競爭，也會趨於平淡、直至消亡。

人類社會，許就當永遠在——倡導競爭，再削弱競爭；再倡導競爭，再削弱競爭……之中，不斷地前進。

同時，在——暢想均富，又不能均富之中——醒了，又夢；夢了，再醒……

國家，也在暢想均富與鼓勵競爭的矛盾之中，像一茶館裡的跑堂一樣——

不停地跑著，讓坐在包廂裡的、大廳裡的、涼棚裡的、馬路邊上的茶客們，碗裡都有水……

引用畢。此外，我很多小說也是表現這一主題的。

在此後的十年間，我於2017-2-15寫的〈川普經濟，與吳惠林商榷〉和2018-9-2寫的〈貿易戰是場思想的戰爭〉等一大批文章，也都是持續追蹤批判「全球一體化」的思想與行為的。

提前十年就展開了對「全球一體化」的批判，不就是對「全球一體化」的實實在在的清算嗎?

許，正因為反「全球一體化」的重要，孫立平才在〈世界上在發生什麼——四個有意思的提法〉（2018年4月9日）中，將我的著作及思想剽竊、分拆、派發給他人，說啥「第一個提法：過去40年全球化面臨清算。這是劉煜輝先生提出來的」。於此，僅以我2008-9-13發表的〈均富與競爭的矛盾〉，即可證明——我早在他們的、所謂「提出來的」之前十年，就已經完美地洞見到了「全球一體化」必將走向末路；而孫立平及劉煜輝等，既沒有能力洞見，更沒有能力從中提煉出思想。

總之，我的很多「顧曉軍主義經濟學」的思想，體現在我的《貿易戰》一書中；而讓我引以為驕傲的，主要還是〈經濟學「時代指數」理論〉、〈經濟學「動態平衡」理論〉和〈我是世界反「全球一體化」的第一人〉。

2023-8-7

27 「顧老師，何清漣在罵你」

——顧曉軍主義：大腦革命‧之二千六百九十六

哈哈，挺有意思。昨日、家裡有事，忙到午後才上網。上網一看，有出版方面的信息；在顧粉團眾人的協助下，到今天早上才處理完。忙完、再出去處理個人事務，又到下午、才得空上網，誰料、這上來卻撿了個笑話——Emma RE：文學性（三）：「顧老師，何清漣這老妖婆在罵你」。

Emma維護我，我相信。可何清漣罵我什麼、我又有什麼能被她罵呢？Emma給了個截圖，可圖片展開的慢，我就先看了下面的文字：「謝雪反擊（推特號略）：何清漣，你胡說八道不打草稿的，一會說謝雪是劉剛系列號，一會說謝雪是顧曉軍系列號，說什麼謝雪是顧曉軍的女人。有沒搞錯？推特這個網絡虛擬平臺，是男是女很重要嗎？大家都是網絡虛擬人，像你何清漣這種在推特爭名奪利的人才需要騷首弄姿，出賣隱私，煽煽情調控制輿論」。

看完以上，截圖、也慢慢展開了：「顧曉軍，你這位自封的所謂『傑出思想家』終於自己出戰了。謝雪系列就是你的系列，讓自己女人出面建立幾十個推號天天罵別人並吹捧自己，就是你的行狀。請大家認清這位狗嘴裡吐不出象牙的貨色。一個老而無恥，行止無狀的人形垃圾，斷絕與顧流氓的來往。（推特號略）」（附截圖）。

看完截圖上的文字，真的讓我哭笑不得。首先，請問何清漣女士，我顧曉軍、何時自封過「傑出思想家」呢？有證據嗎？能出示嗎？如果不能出示，是不是可以認為你是在奉命造謠呢？我的「思想家」的頭銜，最早是華夏黎民黨封的，在《當代部分風流人物資料存檔》之中，是「當代思想家」。百度百科等，也都沿用了「當代思想家」；而這，我已經是非常地滿足了，又怎麼會自封「傑出思想家」呢？須知，我們都是從骨子裡反感「傑出」、「偉大」、「光榮」、「正確」等等的吧，是不是？除非，你是假的。

其次，什麼叫「終於自己出戰了」呢？我顧曉軍，是很難「請」的嗎？我顧曉軍，是被封殺之人。如果你何清漣、願意與我罵戰，我是求之不得。我顧曉軍，懇請何清漣女士，把罵我的文章、發到「美國之音」等等上去（你在那裡有博客呀！且，你上「美國之音」節目、如履平地，是不是）。最好，說我的《大腦革命》、是本反動的書（最近要出版），說我的《顧曉軍小說【一】》和《顧曉軍小說【二】》、是兩本黃色的書（最近也要出版）。千萬幫幫忙，幫我宣傳一下！讓我多賣出去幾本，我已窮得快要瘋了。

其三，什麼是「謝雪系列就是你的系列，讓自己女人出面建立幾十個推號天天罵別人並吹捧自己，就是你的行狀」呢？誰叫「謝雪」，我真的不知道。怎麼謝雪就成了我「自己女人」呢？謝雪和你好像都在美國吧？就算是我「自己女人」、不也沒有什麼實際意義嗎？不好意思，我真的不了解謝雪；相反，我倒知道你。如果誰說，何清漣是顧曉軍的女人，這倒有點道理，我顧曉軍、畢竟知道你，是不？

其四，什麼「狗嘴裡吐不出象牙的貨色」、什麼「老而無恥，行止無狀的人形垃圾」之類，我懇請你、以後千萬別再用了；至少，別用來對付我。真的，千萬別把我惹火了。你看百度百科等，都說我「顧曉軍，乃當代中國作家，也是當今網絡上罵人最為厲害的人。當然他也罵得得體、罵得入木三分、罵得淋淋盡致的一個真實的、有社會責任感的人」。你若把我惹火了，我一開罵，你怎麼受得了，是不？知道諸葛亮罵死王朗吧？我正想刷新歷史，你可千萬別成全了我。

其五，什麼叫「斷絕與顧流氓的來往」呀？你何清漣女士，給我顧曉軍、定性為「顧流氓」，真的不合適，也顯得你很沒有水平。「流氓」，是可以隨便說的嗎？我調戲過你，或調戲過其他女性嗎？沒有證據吧？而沒有證據，豈不是犯了誣陷罪？我若打官司，把你何清漣女士送進牢裡去，大家會說我不厚道；我若讓你隨便說吧，豈不是慫恿你犯罪？你，真的是讓我很為難。

其六，是「斷絕與顧流氓的來往」中的「斷絕」，又從何說起？你與我，何時建過交？我怎麼一點印象也沒有？你是不是與我建交的時候，沒有通知我？或，在夢裡與我建交的？據我所知，夢裡建交、不叫建交，是不？夢裡建交叫什麼，你當然明白，是不是？

其七，還是「斷絕與顧流氓的來往」，這實際上、你就承認了與顧流氓、有過來往。而你承認了與顧流氓、有過來往，不是我顧曉軍、要批評你了，實在是、不應該呀！你跟顧流氓有過來往，這難道不有損你的清譽嗎？

一不留意，就寫了七條、1800多字。就此打住！誠心誠意地，敬請何清漣女士，三思！顧曉軍，可是「打倒魯迅」的顧曉軍，可是毀掉了宋祖德、韓寒、艾未未、陳光誠等一大溜子的顧曉軍呵！不知你何清漣女士，是否惹得起？請代問程曉農先生好！明白我不想讓你難堪的道理了吧？

2015-4-26

28 與何清漣的大戰及與艾瑪的緣分

——紀實・四千九百八十

「何清漣是中共的特務？」被Google送入眼簾，我寫過嗎？查了，在〈「顧老師，何清漣在罵你」〉之後，確有〈網絡事件：何清漣罵顧曉軍〉、〈何清漣哪有什麼思想？〉等。而何清漣也未守「斷絕與顧流氓的來往」之諾，不斷發推罵我；因此，有網友看熱鬧——〈快來圍觀：何清漣女士上演世紀撕逼大戰〉。

回想，確有「顧曉軍何清漣撕逼大戰」一說。然，《顧曉軍紀實》篇目已滿；這樣，把〈城市經濟好比一家網站〉改寫成本篇。

約2012年春，就認識Emma了；相處了好幾年，前不久才知道Emma讀艾瑪。

那年初，我「爆料王立軍」大火。火過之後遭圍剿，沒處發文；這時，發現了一家「中國」二字打頭的網站。

一家新的網站，只有我一人玩；還配了管理員，這人就是Emma。每天，我樂此不疲去發文。

一日，Emma跟帖、對我說，能不能發些我寫的小說；還說，她喜歡我寫的小說。行啊，咋不行？如是，我每日去發文且發小說。

一日，Emma又跟帖、與我商量，問能不能帶點人過來；我說，沒問題。當然沒問題，我知道我的粉絲會找過去。自然，我也明白，她說的帶點人過來、包括寫手。這，我也自信。

果不其然。網站上，註冊的人漸漸多起來；有些很有名的人也來了，包括大名鼎鼎的劉剛。

這時，Emma跟我的關係已經很好了，主要指互信；而玩，還是各玩各的。

再後，何清漣來了，曹長青也來了；是不是自己來發的貼，我不能斷定。但，劉剛肯定是自己發的帖，因他常回帖、還跟人幹架。

這時，Emma建議我玩Twitter。我不會玩，她教我；我開不了戶，她幫我開，且一開就倆。

開成了我也玩不了，就把Emma幫我開的兩個Twitter全都交給了她管理。

可能大家以為，Emma只是個懂中文的美國女孩；其實，她懂的可多了，至少還懂網絡、編程等。不久，她就發明了「Emma's Auto Twitter 全自動推」，讓我幫著推廣（自然想要賣錢）。

我在51網、我的博客做了鏈接。可沒人來聯繫，估計沒有人舍得掏錢。如是，她自己試著用，把我托她管的兩個Twitter也用上了。

天哪！沒多久，我那兩個沒人搭理的Twitter，一不留神就發了好幾萬條推，跟隨的人也瘋漲。

一日，浦志強找到我，說他才出來不久，好不容易上來看看，卻被我的信息鋪天蓋地擋住了，讓我放過他。我不好跟他說原委，只好叫他拉黑我。

Emma把Twitter當成了小玩具，然，她自己還不是名人，就把我頂在前面；何況，我那兩個她幫我開的Twitter也正好由她管理。

我在Twitter上大火了，可我不知道；只知Emma常給我帶話，如超級低俗屠夫要我回啥話，誰誰又跟我說了啥。

反正，何清漣的「絕交推」（見〈「顧老師，何清漣在罵你」〉，本文局部引用）——「顧曉軍，你這位……終於自己出戰了」，可證明何清漣平時也沒機會遇上我。

當時，還有〈與何清漣齊名的顧曉軍〉等。別說我拉大旗或碰瓷，我「打倒魯迅」、「狂挺鄧玉嬌」、「批鄧理論」、「爆料王立軍」那會，可比何清漣有名多了。

其實，我想說——Emma玩「Emma's Auto Twitter 全自動推」，不經意就把自己玩成了牛人；如此，何清漣才和Emma玩到了一起。

而何清漣罵我的「絕交推」中的「讓自己女人出面建立幾十個推號天天罵」（詳見〈「顧老師，何清漣在罵你」〉），未必真實；因Emma的身後有網站，還有的是錢（差點忘了，Emma跟我說過，網站要給我開稿酬、略表敬意，要我辦中國銀行卡、告知她卡號，給我打錢。我懶，沒去開；當然，主要是「略表敬意」說明錢不會多。而錢不多，還破例拿海外的錢，犯不著），糾集幾十人算啥？當然，也可能何清漣說對了，謝雪或許就是Emma自己，旗下的人馬也都是她本人。可無論幾十人是不是Emma一人，僅「Emma's Auto Twitter 全自動推」已絕對讓Emma呼風喚雨；估計，當時的Twitter也沒弄清為啥，只見這幾十人全瘋了，整天不吃不喝、趴在網上發推，一發還都是成千上萬條（當然包括我，何清漣不說「讓自己女人」嗎），很頭痛吧？

Emma與何清漣、兩牛女人玩在了一起，咋會產生矛盾的呢？我找到起因了，就在〈何清漣是中共的特務？〉一文中，【因Emma的網絡技術好，何清漣就暗地裡策反她。具體，是何清漣向Emma打聽、她與我是什麼關係等。打聽了，還讓Emma不要告訴我。而Emma，也真的沒有告訴我。很久後才跟我說，並囑咐我寫文章時不要引用這些。】

【我如約、一直沒說過這些。大約在半年多、近一年後，才在〈楊恒均是中共的特務（二）〉中、雲裡霧裡地說：「難怪，聽說Emma、早已是小有名氣。且，時評界的頂尖人物（自然是指曹長青、何清漣這樣的，楊恒均則不配）都在到處打聽，Emma與顧曉軍究竟是什麼關係……」】

【我這一說、不得了了，何清漣、立馬與Emma反目，且、公布Emma的私信等，並、在推特上公開罵Emma。】

【何清漣為何反常？一、證明境內外合夥封殺我顧曉軍、確有其事，且何清漣是奉命行事；因，私下打探我顧曉軍，實際上就是不願公開。而我，雖是雲裡霧裡說、但還是把這秘密暴露了。二、何清漣關照過Emma、不要告訴我，而Emma卻告訴了我。這，則說明Emma與我顧曉軍關係更近些，而這、也說明何清漣的策反Emma失敗了；所以何清漣反目，公布Emma的私信、且開罵，目的是想嚇住Emma。】

而【問題是，Emma有個性、不吃這一套。如是，就開始了反擊】，且把我也拉進了撕逼大戰。

何清漣是不是特務，我打了問號，沒有做定論。然，Twitter上的推友的推、卻相當尖銳，如「何清漣的有關近期熱點的奇談繆語：社會節育論、柴靜環保片、潰而不崩、反福利、素質論、安樂死、清廉紅二代、股市資金充裕、民主人士靠革命獲利益」等。

在〈快來圍觀：何清漣女士上演世紀撕逼大戰〉等中，網友收集的推有數百條，我只用以上這一條，因個中有「素質論」。而「素質論」，是韓寒、楊恒均等偽民主的標誌性產品，是說「中國人素質不高，所以不適合搞民主」。

大戰後，Emma還提示我玩YouTube。

往事如煙。這就是所謂「顧曉軍與何清漣的撕逼大戰」以及我顧曉軍與Emma（艾瑪）的緣分。

我與Emma的緣分，終止於那家帶「中國」字頭網站的關門。關門後，好幾年了，都沒有再遇到過她，哪怕是一次、也沒有。

而何清漣，我也沒遇到過（其實，我從未跟過何清漣一貼或一推）。雖說是「撕逼大戰」，但我沒撕何清漣，〈「顧老師，何清漣在罵你」〉不過是調侃。而何清漣，倒欠我不少，至少「蓋棺定論」、總該自己摸摸良心吧？

又及（2023-10-9），本文貼出後，有網友跟帖「知道何清蓮，不知道樓主是誰」。我覺得，不知道就對了——何清漣在美國之音上長期罵大陸，大陸的百度百科介紹何清漣「經濟學家。旅居美國。近年來專門從事中國當代經濟社會問題研究」。我曾婉拒美國之音——因它不是專訪我，而是邀我參與時事評論，我不願被當槍使；然，大陸的網上卻搜索不到我。這就是區別。

何況，我參與、甚至發起的重大事件有「天安門四五運動的先聲」、「打倒魯迅」、「狂挺鄧玉嬌」、「批鄧理論」、「爆料王立軍」……何清漣能比嗎？

何清漣，是被宣傳；顧曉軍，則被封殺。

2023-10-4

29 顧曉軍與豐子愷，有人要取我性命

——紀實・四千七百四十三

在搜索「顧曉軍」時，又見到了高考作文題之類中，出現了「作家顧曉軍與漫畫家豐子愷」。

因在2015年、甚至更早之前，常見到這些，就沒有往心上去。

又因近日見到時，是新的，就想到再看看。

說是新的，有兩點：

其一，是過去「閱讀下面材料，根據要求完成作文。（70分）作家顧曉軍說，事物往往是立體的。漫畫家豐子愷說，孩子的眼光是直線的，不會轉彎。閱讀以上的材料，你有怎樣的感悟或聯想？請就此寫一篇不少於800字的議論文」是排在第十幾題，而現在是排在第幾題。

其二，是過去這類題中沒莫言，而現在此題的上一題、是以莫言的啥為題。

想到以上，便是我又重新搜索的動因之一。

之二，則是——其一，豐子愷在浙江上虞春暉中學教授圖畫和音樂時，教的當是初高中生，年齡與現在參與高考的學生（含復讀生）相比較，略小一些。

其二，那是抗戰前，後有「一寸河山一寸血」、「十萬學生十萬軍」，需要的是判斷；而現在，需要的是思考，是中國人的思維如何走在人類前列及人生的成熟度等。因此，二者的需求是完全不同的。

我覺得，是人們可能重新認識到了這些，所以又重提「作家顧曉軍說，事物往往是立體的」。

提倡「事物往往是立體的」，本當是一件極好的事情；可，不知為什麼、總有人想著要害我——多年前，是想方設法排擠掉我；

而這一次，則更是邪乎——

在我重找「作家顧曉軍與漫畫家豐子愷」時，沒有找到上面說到的、有莫言的那個題組或題庫，反而找到了「21小時前 — 我想說的是某部分簡中推們口中的『燈爺』從我關注他開始，從他推文給我的感覺：他玩的就是博客中國的博主顧曉軍玩的那一套：『上面有人給他爆料』、『顧曉軍主義（簡化版的……」

我去看了，發推的叫許生，建推時間是2022年2月，到處加人；但，沒發上幾推，就把我與「燈爺」聯繫在了一起。

燈爺，是誰？是指前時的老燈嗎？而老燈的諧音，又是什麼呢？我怎麼可以與「老燈」比呢？

這許生，不是在坑我、不是想要取我的性命嗎？

其所指「博客中國的博主顧曉軍玩的那一套：『上面有人給他爆料』」，不知是不是在說我爆料王立軍；可，我爆料王立軍、怎麼能與「老燈」比呢？再說，我也從來就沒有說過、啥「上面有人給他爆料」之類的話。

若真有人要取我性命，許我就不得不死了。但，我立此存照，以備後人查考。

2022-7-10

30 被劉剛鑒定爲「思想家」

——紀實・四千九百七十九

其實，2023-8-28寫出〈代序　「顧曉軍」之紀實〉一文，《顧曉軍紀實》一書就收尾了。往寬裡說，花幾天順了順，2023-9-3也該算是收尾了；近一個月，在修改——將表達模糊的、盡可能都落到實處。

不期，今日早醒。上網溜達後，再Google「顧曉軍」；這才發現，Google又改革了（可能為節省資源）。然，這樣「顧曉軍」就剩下了一頁；擴展之後，還是一頁。

可，就在這一頁之中，有劉剛寫於2016年3月19日的〈顧曉軍是先知先覺〉，還有他寫於2016年7月20日〈再答顧曉軍、石三生〉。

說實在，對〈顧曉軍是先知先覺〉，我較熟悉；而〈再答顧曉軍、石三生〉，已忘了他都寫啥。

反正沒啥事，就打開〈再答顧曉軍、石三生〉。劉剛在文章的開篇就道，「關於顧曉軍是否是思想家，我可能是過於苛求了。我近日同網友們屈指細數一下中國當今的文學家和思想家，數來數去，還真數不出幾個顧曉軍這種水平的。也罷，矬子裡拔將軍，就算顧曉軍是當代思想家吧。」

雖又是「矬子裡拔將軍」、又是「就算顧曉軍是當代思想家吧」，既盡貶損、又極勉強，然，「……我近日同網友們屈指細數一下中國當今的文學家和思想家，數來數去，還真數不出幾個顧曉軍這種水平的……」不就是——眾議之後、而形成的鑒定結果嗎？

劉剛是啥樣的人？老子天下第一的人——維基百科：「……民主運動領袖之一，北京高校學生自治聯合會的創始人。八九學生民主運動前帶領王丹等人參與民主活動」。

有的介紹他，「高自聯創始人之一」。不過，我倒是傾向於劉剛的自辯，就是「創始人」，沒有「之一」。為何？那麼多高校學生領袖，哪不能開會，非都跑到劉剛的住處開會，這不就證明劉剛的說法可信？

還有「帶領王丹等人」，王丹看了一萬個不痛快；可，劉剛非這麼說，劉剛是不是老子天下第一？因此，被劉剛鑒定為「思想家」，是有分量的。

再，就是那些參與劉剛眾議（「我近日同網友們屈指細數……數來數去」）的，雖不知都是誰，但至少不是馬屁精一類。

是吧？如此，被一狂徒領著一眾狂徒，經過「屈指細數……數來數去」之鑒定而形成的結果，理當可信。

劉剛還說，「我之所以質疑顧曉軍自稱思想家，主要是我認為思想家首先是要由後人評說的。一個真正的思想家，應該是影響一代人的思想的人。一個真正的思想家，是斷斷不會自稱思想家的。一個活人，通常是不會被稱為思想家的，因為還根本看不到他是否影響了一代人的思想呢」。

這就是劉剛不對了。其一，最早是華夏黎民黨在《當代部分風流人物資料存檔》中、稱顧曉軍是「當代思想家」，而不是我自稱。

之後，是維基百科「顧曉軍」詞條，說我是「中國著名作家、當代思想家」；再後，是百度百科及騰訊、搜狐、網易、360等的百科，皆稱「顧曉軍……中國著名作家、當代思想家」。

2011年，維基百科把「顧曉軍」詞條關掉了；又過了幾年，百度等的百科才把「顧曉軍」詞條中關於我的部分也關掉了。不能說，它們關掉了，我就成了自稱吧？

其二，「由後人評說」，不成了追認烈士？思想家畢竟不是烈士。何況「當代思想家」，後人咋追認？後人追認的，還能叫「當代思想家」嗎？

劉剛先生，你的「學生領袖」之類，是不是也要追認一下？

再說，魯迅沒有自己的、原創的思想，都可稱思想家；我至少有《大腦革命》、《GuXiaojunist Philosophy（顧曉軍主義哲學【英文版】)》、《公正第一》、《平民主義民主》、《貿易戰》等專著，有「化繁為簡」、「立體思維」及〈經濟學「時代指數」理論〉等獨創、首創的原創之思想與學術，咋反倒不能稱思想家了呢？

遠香近臭、外來的和尚好念經……等等之類，在學問上、怕也是這般，甚至有過之而無不及。

解決這問題，其實並不難——任何願談顧曉軍是否是當代思想家的人，任選一本上面提到的書認真讀完，想必就不會再討論顧曉軍是不是思想家了。

劉剛還說，「我真的希望見到中國真的出現偉大的思想家、理論家。我也樂見顧曉軍繼續努力，爭取早日成為影響一代人的思想家。」

繼續努力，就不必了；轉眼，我也已是黃土埋到脖子的人。然，我的「化繁為簡」、「立體思維」、「多意性」、「公正第一」、「平民主義民主」及「經濟學『時代指數』理論」、「經濟學『動態平衡』理論」等，自信會在人類社會思想史中有一席之地；所缺，不過是眼下人們對我的認知。

2023-10-2

31 追憶推特油管上的時光

——紀實‧四千八百三十九

有網友跟帖，「老顧，你說劉剛的兩老婆都是女解放軍……劉剛在罵你」。

我回，「不計較，他一會就誇我。女解放軍，他自己說的。」

一兩句對話，一下就把我拉回到了——在推特油管上玩的歲月；那時，是2017年至2018年吧。

而與劉剛打交道，始於2016-3-19。3.19，是個易發生大事件的日子，至少2016年前是這樣；不信，大家可追憶下。

2016之3.19，大名鼎鼎的劉剛，寫下了〈顧曉軍是先知先覺〉。雖開篇把我描繪成「撇嘴翹鼻、鼻孔朝天、兩眼翻白、一副……桀驁不遜的模樣」，然結尾已是「才發現，顧曉軍和石三生，那就如同是臥龍和雛鳳，又好比是諸葛孔明和美周郎，都是馬中赤兔，人中呂布啊」。

劉剛是誰？才子呀、領袖呀，就那位——總忘不了自己是學生領袖的人物。

16歲就考上科技大的劉剛要跟我玩，那就玩唄。如是，便打情罵俏；劉剛，也又寫了〈答顧曉軍（N）：桃園論劍，煮酒論英雄〉、〈再答顧曉軍、石三生：三駕馬車、三足鼎立、桃園三結義〉等等。當然，也有「顧曉軍自證被腦控」、「顧曉軍是總參特務」等。

劉剛就是這麼愛憎分明——跟你好，割腦袋、換頭都願；翻臉時，恨不得讓人抓你、送秦城。

不知不覺，就從Blogger玩到了Twitter上。而推特上，人就更多——有葉寧（作曲家，後面再說）、李洪寬（更好玩，也後面說），還有封從德（柴玲的前夫）、熊炎（美軍中牧師，去過伊拉克），更有微之居士（最早感慨「世界欠顧先生一個諾獎」的那位）、楊巨峰等等。

說楊巨峰。約在深圳犯事（經濟），逃到非洲，跟一部落酋長拉上關係；可能、也許，部落酋長每晚給他獻一黑少女……哇，把劉剛饞得——電腦前，自己口水打濕了地板都不知；結果，欲站起、卻一滑摔了個大跟頭。

楊巨峰燒包，劉剛就悄悄找他借三千美金。誰料，沒借到；當時，我就發誓：得了諾獎，一定先給劉剛匯三千。

當時沒錢，能幫劉剛些啥呢？想來想去，只有幫他先恢復關係——大家不知：劉剛一度，到處抓特務；最後，發現——老婆是解放軍。一個也就罷了，第二個又是。

網上，有劉剛與郭盈華結婚的視頻。當時，非常熱鬧——王軍濤、王丹等幾十位都去了，又是證婚，又是給他當伴郎……誰料，沒幾年，全鬧翻。當時，劉剛與趙巖鬧得最兇，天天在推特上罵來罵去。

咋辦呢？那就從讓劉剛與趙巖和解入手——別以為趙巖是善茬，那罵起人來比論壇上的人渣們臟一萬倍；且，認定了「顧曉軍」是劉剛的啥馬甲。

唉，哪個烏龜王八蛋發明的馬甲？害得我總被冤枉——一會，說我是劉剛的馬甲；一會，說劉剛是我的馬甲。還有的說，石三生是我馬甲，Emma、謝雪、鳳姐等等全都是我的馬甲。

我若真弄幾十、上百個馬甲，哪還有時間寫文章呢？不談。

問題，是我修煉得好——要打，就開打。若是不想打，隨你說啥，我都不急、不跳。功夫吧？

沒事，我就觀戰——看劉剛與趙巖在推特上對罵。時不時，我評判下誰對（注意，我基本上只說誰對，不說誰不對）。漸漸，引起了趙巖身邊的葉寧的注意（先插句，劉剛確實不善把握——葉寧是劉剛的離婚律師，竟也鬧翻了，結果失去了保護屏障。再插句，我時不時發寫的文章，葉寧看了，評價是「顧先生頭腦清晰，說理透徹，對癥下藥，看似理論務虛，其實句句不落空，有針對性。此君有靈秀之氣，通達三維，大才，難得」。大家說，是不是人得先有兩把刷子；而後，才是相處、如何處）。

就這麼，我把劉剛與趙巖勸和了；至少，不天天開罵了。下一步，打算勸和劉剛與王軍濤。為何選擇王軍濤呢？一、王軍濤歲數大、涵養好些；二、其實王軍濤過去是很關照劉剛的。

正打算再做些好事，造福於人類。這時，出事了——大陸逃亡富商在推特上火了起來。劉剛的視線，立馬百分之百地轉向了郭文貴；然，郭富豪沒把劉剛等當回事。不管咋說，劉剛也是推特上的大咖，怎麼可以這樣呢？事出反常必有妖。這時，我的心裡已經有了幾分數。

其實，郭文貴對我很了解——班農的「精英犯了錯誤，命運掌握在小人物的手裡」（2018年，日本演講），就是郭從我的《平民主義民主》（2016年出版，其中文章大部分寫於2015年前）等書中偷了、輸送過去的。所以，郭文貴在推特上遇見我，立馬畢恭畢敬地說「顧曉軍先生，您好！」等。可，劉剛不知道這些呀！立馬吃醋了，對郭文貴嚷嚷「你對顧曉軍為何如此恭敬」等。

如是，郭文貴以財富作誘餌，開始計劃中的分裂活動。很多人靠攏郭文貴，都以為他會抖些財富的碎屑出來……你想，若是常人得到些許，那還不是一大筆外快？可，沒有人肯想——郭文貴不是來扶貧的，而是來詐騙的。如是，很多人被掏空了口袋；不僅被掏空，海外民運也被分裂了。

我是早意識到了，所以一開始就罵郭。劉剛了解我手法，以為又是反炒，做了〈劉剛大贊顧曉軍「反炒」〉的視頻，說「還有一個人吶，叫顧曉軍……」。哈哈，其實一分多鐘的視頻，是我從劉剛的直播中剪輯的。唉，那時剪輯、錄播全會，現在都忘了。

那視頻現還在網上，我就不做鏈接了。此外，劉剛真的是個人物！劉剛的故事，三天三夜講不完。不過，我下面要講講李洪寬了。

據說，李洪寬在美國是個小農場主，有人就笑他是美國農民。我從不歧視，所以在推特上處的還可以，但也沒啥重要記憶。一次，我鉆到油管上玩。一看，李洪寬在直播，就請他幫我宣傳、我已出版的長篇小說。他一看，問「是顧曉軍真身」，我說「是」，他便叫我證明自己；當時不知咋一弄，他就信了。

人家是直播，我就不搗亂了。下來後，這事也漸漸忘了。後來，我的推特被封了，油管也不想玩了（因我從來都是錄播，沒有直播過）；最要緊的，是郭文貴如我預料——漸漸不大火了。我就把這些全都拋到了腦後。

一日，一搜索，發現——李洪寬在拿我懟袁紅冰，道「#袁紅冰#顧曉軍 誰吹的牛逼大，不好說，但是，誰吹的牛逼早，一目了然！」「袁紅冰，一招戳穿你的謊言，人家顧曉軍2018年4月就開始指揮海外民運圍剿郭文貴！你當時還在挺郭吧！穿著白衣吧……」；而這些文字的背景，是我做的視頻——〈我指揮海外民運圍剿郭文貴〉之截圖。

其實〈顧曉軍：我指揮海外民運圍剿郭文貴〉，是我反郭文貴的最後一個視頻；而之前，有近一百個……你說，我何時反郭的？前面說了，郭剛火時，我就反炒了。時間上，袁紅冰肯定沒我早（李洪寬說袁紅冰穿白衣，確有其事。我記得，至少還有日本的相林、大喇叭宣傳車上街等。加拿大的盛雪有沒有參與，記不準了）。

時間沒我早，牛逼也沒我大——「我指揮海外民運」，包括老魏；而袁紅冰，敢指揮老魏嗎？

不過，也替袁紅冰說幾句——他資格蠻老的，很早就與劉曉波玩在一起了。

對了，圖上的郭文貴之原字，都作了塗抹；因，有的網站忌諱。再，李洪寬拿我懟袁紅冰一事，有可能發生在我與李洪寬在油管上相遇之前。其實，哪在前哪在後不重要；重要的，是我說的都是事實。

記得，當時推特上相互跟隨的還有吾爾開希……想起來了——最早，我不會玩推特，推特是交給Emma管理的；因此，何清漣說啥「斷絕與顧流氓的來往」，當是與那兩個推特斷絕來往。

往事越千年……一切，都成了過去，成了往事。然，劉剛老婆是女解放軍，是他自己說的，不是我說的。如果是我說的，豈不是挑唆人家離婚？我咋可能幹這種事？

上帝呀，再給劉剛恩賜一個老婆吧！他可是個好人，真正的、很難得的好人。

2023-2-1

32 鼎鼎大名之劉剛的二三事

——紀實・四千八百五十一

劉剛何許人也？數學家，三碩士獲得者，中國民運人士，八九學運領袖之一，列「六四」後21名被通緝的學生領袖之名單第三位。

大家知道鼎鼎大名的劉剛，然，卻未必知道他曾詐騙過高官及中意過盛雪等。

如此，我來說說——劉剛的二三事。

一、劉剛詐騙傅政華

記不清哪一年了。只記得，當時傳聞有「巴拿馬文件」。巴拿馬文件，給了智慧的劉剛以靈感。劉剛決定，詐騙傅政華一把，搞他個幾千萬來花花。

劉剛沒告訴我，更沒有與我商量。劉剛，滿腦子智慧，一會一個主意、一會一個主意……他不需、也從不與人商量。

那麼，我又是怎麼知道的呢？察言觀色呀！我雖不似劉剛、儼如混成了個人精，但、我畢竟比他大八歲；你想，如一個九歲的孩子、面對一歲的嬰兒，能不了如指掌嗎？

就這麼，我知道了劉剛要詐騙傅政華。傅政華是誰？當時的、公安部的常務副部長。劉剛要詐騙他，劉剛當然不怕，他人在美國……而我，連知道都不該知道，知道了、都是種罪過，是不是這麼個道理？

嚇得我呀，魂飛魄散。可，那時我還得鎮靜、穩住……穩住，是穩住我自己，而不是穩住劉剛，更不是準備給傅政華打小報告。其一，我不是打小報告的那種人；其二，我拿什麼打小報告？有證據嗎？沒有，只不過是在神交中獲得了腦信息。當然，那時劉剛已經給傅政華發出了敲詐郵件。

而若要說郵件，人家傅政華是秒收到，不比我更清楚？所以，我能做的只有裝得像沒事人似的，卻悄悄刪除與劉剛的一切聯繫。還要讓他覺得，是網絡掉鏈子；或，是牆加高了，老顧出不來了。

就這麼，我消失在了人海之中。

是今年初吧？央視播那啥反腐大片，網上也有說「傅政華出鏡懺悔！官迷心竅，被江湖騙子、政治騙子拿捏20年」……哇，我對劉剛佩服得五體投地——他居然早就看出了——傅政華吃這一套。了不起！

然，我仔細研究了關於傅政華的公開信息，發現劉剛好像並沒有真正弄到傅政華的錢。

沒弄到，不是劉剛不聰明，而是傅政華太狡猾。

二、我曾撮合劉剛與盛雪那個

換一個喜慶點的話題。

劉剛其實很有女人緣。然，事業無成，又遠去了美國；對象，就不好找了。

找洋女，不好這口；找華裔，怕學歷低少共同語言（劉剛，科技大力學學士、北大物理學碩士、哥大計算機碩士、紐大金融碩士）。

正為這犯愁，就在網上、劉剛認識了郭盈華；兩人才相識幾小時，女方便提出要結婚。哇，太好了，那就趕緊閃婚。

婚後，一幫人去老魏家玩。不知咋的，玩起了槍；幾個男人裡沒一人打中，可郭盈華甩手三槍、槍槍命中靶心。

哇，神槍手、女解放軍！劉剛心裡嘀咕。外加其他種種，後來分道揚鑣。

此後，再婚；哇，又一個女解放軍。

話分兩頭。見劉剛沒老婆，我心裡不是滋味，便留意幫他找。一日，見一小詩挺有味道；再看作者，竟是盛雪。

盛雪，也大名鼎鼎，寫過那啥書，好像屬於反腐類的，且熱賣過；但，我並沒見過其人。如是，就搜索；一搜索，哇，好漂亮呀！

一研究，發現好像是單身，我立馬想到劉剛。再研究，有人說她曾是京城的小混混。這不怕，再混、她能混得過劉剛嗎？繼續研究，盛雪有緋聞；而緋聞，一說是黑化她，一說是炒作。我情願信炒作。為何？黑化，是自辯；反過來，也就有可能是真的。而炒作，畢竟是假的。進一步研究圖片，發現那接吻，有點像電影裡的借位；而借位，不就是擺拍嗎？抓拍，哪能正好抓到人家接吻呢？

這，我就放心了。如是，我趕緊寫文章，撮合他倆。文章寫好，我通過推特發給劉剛、盛雪。很快，劉剛就回我了；一看，一張劉剛與盛雪的合影。

如此，我方知——劉剛初到美國，去哪幹啥，恰好是盛雪做接待；這樣，就有了那合影，但、兩人間似有距離。

認識歸認識、過去歸過去……我覺得，從劉剛的反應神速中、可看出，劉剛對我的撮合、心裡美滋滋的。如是，趕緊去看盛雪的反映，盛雪的反映不大、但也沒有反對……有戲，我又添了幾把火，就不再過問了。為何？好不好，那是人家自己的事；越急，越容易適得其反。

只可惜，好幾年過去了，兩人還沒走到一起。這怪劉剛。當年那張合影，還是盛雪主動提出要與劉剛照的。

三、劉剛策反過石三生

簡單說，我認識石三生時，石三生是博客中國的推薦熱博，排在楊恒均之前。

我搞民評官時，石三生加入進來。七搞八搞，就成了我的大弟子、顧粉團的頂梁柱……然，石三生有官司，我雖率顧粉團幫他，但沒能幫他解決。

這時，就有了劉剛的「顧曉軍和石三生，那就如同是臥龍和雛鳳，又好比是諸葛孔明和美周郎，都是馬中赤兔，人中呂布啊」。當然，那時劉剛還沒想到要策反，至少沒有讓我們感覺出來。

後來，玩玩就有了「顧曉軍是總參特務」之類。這時，劉剛就想要策反石三生了，且真的有了文字。

我就跟石三生說，那你就跟他，讓他幫你把官司解決掉。如是，石就跟著劉剛。

石三生開始寫文章說我。而我呢，既不看、也不回。你說，能回嗎？自己的弟子，調轉槍口幹自己……畢竟，這不能算是啥光彩的事情吧？

就這樣、過了一段時間，石三生寫了不少文章。可，劉剛還是沒有幫石三生解決問題；自然，關鍵是劉剛也解決不了，而非沒有誠意。

如此，石三生又回來了，繼續玩「推薦」；再後來，石三生出版了《世界欠顧曉軍一個諾獎》一書。

這，就是我忍不住想說的、從未謀面的劉剛。

一晃，認識劉剛快十年了。劉剛，是我認識的人中最有個性的人，也是最難忘的人之一。網上有信息說，他好像如今混得不好，我總想幫他一把，只是能力不夠。我想，終有一天，我是能夠幫到他的。

2023-2-11

33 美國 FBI 未必是郭文貴的對手

——紀實・四千八百八十八

昨夜，已知〈突發：郭文貴被捕 遭控詐騙10億元買豪宅名車〉，然我未有任何動作；其因，一、我尚在剛寫完〈「網絡作家圈」之奇遇〉的興奮中，二、我深知郭文貴沒那麼好對付。

郭文貴沒那麼好對付嗎？是。其實，我的近文〈追憶推特油管上的時光〉，看似是在寫劉剛及李洪寬，而實質上——是寫郭文貴、寫我與郭文貴的鬥法等，寫劉剛及海外民運是怎樣從盲從郭文貴到後來反郭文貴的。

如果那〈追憶推特油管上的時光〉，是一種感性的認知的話；這裡，我可用理性的闡述來論證郭文貴不好對付。

之一

搜索我之舊文，第一次出現「郭文貴」，為2017-2-17之「顧曉軍主義：『先帝』曰・三千二百五十二」。換言之，郭文貴是2017年初在推特上火起來的。

2017-3-21之〈先知先覺顧曉軍，見多識廣屬劉剛〉，有「郭文貴發推道『顧曉軍先生好：您不要希望韋石先生……』等」之類。

此後，是郭文貴與班農玩在了一起，兩人一起喝酒等。這些，那會在油管上玩的人都知道，對吧？但，我已有種不祥的預感。

為何？我的《平民主義民主》一書（2016年出版，其中文章大部分寫於2015年之前）裡，有文章舉例美國，並詳解特朗普競選之中有的行為就屬於平民主義民主運動。

果不其然。2018年春，班農在日本演講，就有了「精英犯了錯誤，命運掌握在小人物的手裡」。搜索，則有更早的《議報》2017年12月2日〈班農：世界的命運掌握在小人物手中〉。這啥意思呢？也就是說，2017年12月2日，《議報》發現了班農的「世界的命運掌握在小人物手中」具有新思想。

然,「精英犯了錯誤,命運掌握在小人物的手裡」之本質,不就是「平民主義民主」嗎?不是我在《平民主義民主》一書之中、用十幾萬字闡述的道理?

顯然,郭文貴很了解我(才有郭文貴對我的恭敬,當時連劉剛都吃醋了。這些,在〈先知先覺顧曉軍,見多識廣屬劉剛〉和〈追憶推特油管上的時光〉中有記載),也當是郭文貴讀過我的《平民主義民主》,且深有感觸;之後,在郭文貴與班農喝酒時、無話不談中,便把我的「平民主義民主」思想輸送給了班農;甚至,郭文貴輸送給了班農是事先策劃好的,是總體的一部分。

這絕非是臆想。某些人想封殺我,這是不爭的事實;否則,就不會有——我經歷了大大小小上百次風波,如今世人卻不知道我;有些,是驚心動魄的大事,且明明發生在我身上、而網友們卻都不知道,這又作何解釋?

而事實上,郭文貴的輸送、班農的冒領,立馬就得到了清華大學教授、博士生導師孫立平的配合。2018年4月10日,孫立平發表〈世界上在發生什麼——四個有意思的提法〉,文中道「第三個提法:精英犯了錯誤,命運掌握在小人物的手裡。這是班農提出來的」。注意,他特別強調「這是班農提出來的」。如果確實是班農首創的,有必要此地無銀三百兩嗎?

孫立平是何人?孫立平,1978年入北大中文系新聞專業學習,1981年入南開社會學專業學習;1982年北大社會學系任教(百科)。換言之,孫立平4年新聞專業大本沒讀完,改行學社會學;社會學只學了1年,又回北大任教。孫立平有何學術建樹呢?百科吹噓:孫立平的主要貢獻是——「總體性社會」、「總體性資本」。何為「總體性」?「總體性」,是匈牙利共產黨人盧卡奇的發明、用以解釋專制型社會合理的學術用語,屬馬克思主義經典理論。換言之,孫立平是抄襲、翻新,為政府的改開捧場。

然，就是這樣的孫立平，撰寫了〈世界上在發生什麼——四個有意思的提法〉。而該文的實質，是分拆我《平民主義民主》等專著中的思想、再派發給他人，從而完成某些人的指令、達到從源頭上封殺我的目的。不信，就請看——孫立平文之「第一個提法：過去40年全球化面臨清算。這是劉煜輝先生提出來的」（顯然不是，請看我《貿易戰》一書之〈我是世界反「全球一體化」的第一人〉一文，僅標題即可說明），「第二個提法：特朗普並不只是單獨的個人，而是一個新興社會運動的領袖。這是復旦大學中國研究院研究員文揚先生提出來的」（更不是，請比對我《平民主義民主》一書，下段即為旁證）。

再說一遍，這絕非是我個人的臆想。讀過我的專著、且見到了孫立平該文的風北吹，在孫立平一文發表了6天後（2018-4-16），便隨即發表了〈實質是平民主義民主——由孫立平【世界上在發生什麼——四個有意思的提法】想到的〉，文中明確指出「而早在2012年1月24～26日，顧先生構思並完成了〈大民主社會概論〉，其中指出：『不管精英主義民主願不願意退出歷史舞臺，民主政治中的平民主義趨勢、都已步步緊逼，也終將取代已淪為保守主義的精英主義民主。』『隨著民主政治按照其必然規律與趨勢的不斷發展，精英主義本身、已成為阻礙民主政治發展的絆腳石，成為一種保守主義。而保守主義，不就是看不慣新生事物，反對變革與進步嗎？』」等。

事實勝於雄辯吧？而一個研究「總體性」、總體思想的人，為何冒充民主思想的權威，進而來分派——這是誰提出來的、那是誰提出來的……呢？顯然，這是個陰謀。然，海外自由派不知也不覺，且旗下的網站還大肆轉載孫立平的「四個提法」。知道嗎？當自由派網站大幫忙時，大陸的網站又在做啥？也正大肆宣傳孫立平的「四個提法」，迄今仍可搜索到「中共武昌區委黨校 2018年04月10日」的孫立平的「四個提法」。

可見，封殺我、封殺我《平民主義民主》和《貿易戰》及專著中的新思想，是一次動用了郭文貴、動用了班農、還動用了孫立平的立體的大行動，難道不是這樣嗎（動用郭文貴、班農、孫立平絞殺我的《平民主義民主》、《貿易戰》，絕非是啥臆想；此前，我撰寫、出版《公正第一》一書時，某些人就動用了吳思，出來攪合、貶低，竟發文把我的「公正第一」思想解釋成——自作自受）。

所以我覺得，美國FBI未必是郭文貴的對手。這只是之一。

之二

2017年初及其後，關注過郭文貴爆紅事件的人都知道，郭文貴的出現，攪亂了整個海外民運，讓海外民運幾乎所有成員都競相追隨；甚至，為了誰能與郭文貴更近乎一些、而內鬥不止。

我沒有說錯吧？所以，才會有我的那些〈我指揮海外民運圍剿郭文貴〉等調侃性文章與視頻。

而這些，能否證明郭文貴絕非一般，證明美國FBI未必是郭文貴的對手呢？

之三

劉彥平如今已是貪官，已被收拾；然，當年是高官……跟蹤郭文貴爆紅事件的人都知道，當年高官劉彥平，去美國與郭文貴談判，還給郭文貴帶去了郭文貴的妻女。這是怎樣的牛逼與派頭？我想想都怕。

如此這般，美國FBI是郭文貴的對手嗎？

之四

剛見新聞（也是我決心寫本文，說清歷史之所在）〈郭文貴被捕後，其紐約住處大樓突然起火〉，曰「中國紅通商人、億萬富翁郭文貴15日早晨遭聯邦調查局（FBI）逮捕，當執法人員仍在其位於曼哈頓上城的住處采證調查時，該處發生火災，相關人員被迫緊急疏散……」

有這麼巧嗎？要被捕，突發大火？反正，我覺得，郭文貴的腦子確實夠用。

所以，美國聯邦調查局（FBI）是否是郭文貴的對手，我真很懷疑。

2023-3-16

34 「顧曉軍俄烏大戰」

——紀實・四千七百四十八

沒有料到，在360的網友習慣性搜索之中，除了「顧曉軍」、「顧曉軍主義」、「博客中國顧晓軍」等外，竟然還有「顧曉軍俄烏大戰」。

確實，我喜歡盯著某題材不停地寫，如「打倒魯迅」、「爆料王立軍」等，直到把那題材寫得、仿佛是我的「專利」。

不過，說實在的，就俄烏戰爭而言、我寫得並不算多；剛剛，我統計了一下——從〈普京的說法不著調〉開始、至今，共計有93篇。曾用過的題頭，主要有「顧曉軍讀俄烏戰況」、「顧曉軍看俄烏」兩種。而犧牲的陣地，除我的知乎賬號外，還有三四處。各處的被訪問量相加，約大幾百萬。

我想，僅憑這點成就、想得到網友們青睞，幾乎不可能（如「打倒魯迅」，有300多篇，後選編成本書；而反對、罵我的文章，更有一萬多篇在網上飄揚；且，還有《人民日報》刊文批我）。那麽，「顧曉軍俄烏大戰」憑啥能夠進入網友們的眼睛呢？

我思考了下，原因大約有二——其一，我堅持講「無論啥理由，打到別人家裡去，無論說到哪裡去、這都是不對的」之道理。其二，我堅信：無論眼下有多麽的困難，最終、反抗者一定能夠取得最終的勝利。

《公正第一》，是我的思想成果；支持正義、堅守底線……則是我的習慣與品質。

我堅信：烏克蘭人的反抗，最終是一定能勝利的。

如今，有一些不良傾向：一、是有個別人、假裝客觀分析，而實際上是在散布烏軍不是俄軍對手的情緒，而這恐是旨在打垮支持正義者的信心。二、是報道俄軍的態度——俄軍是打到別人家裡去，無論如何都不對；然，報道俄軍炸了哪裡、哪裡……那麼理直氣壯的態度，仿佛俄羅斯人是在打擊侵略者。這，對嗎？

何況，實際的戰場上，也是各有勝負；至少，最近俄軍從遠東地區調去的精銳——第18機槍炮兵師、被烏軍全殲了，總是事實吧？

還有，克裡米亞大橋的一端，建在烏克蘭土地與海域上，烏克蘭人有權按自己意願處置，可以炸、也可以不炸；炸與不炸，由烏克蘭人說了算、烏軍說了算，別人無權暗示，也無權說三道四。俄羅斯人，更無權恐嚇。

拿核武、世界末日來恐嚇，則是流氓行徑。

其實，打到別人的家裡去……這本身，就是一種流氓行徑。

而替流氓說話、或與流氓為伍，怎麼可能會光彩呢？不信，大家可自己想想：你，咋可能願與一個強暴犯勾肩搭背呢？是不是？

2022-7-19

35 「喝茶」之憶

——紀實・四千九百六十五

「喝茶」，與陸羽無關。那麼，與什麼有關呢？我也說不清。雖說不清，然，當代人卻都懂。

有人喝了茶，海外會有報道；我覺得，可能有假。反正，我喝了茶，沒人提。

其實，無論咋說，喝茶總算走麥城，不是啥光彩、輝煌。那麼，是汙點嗎？也不能算。於我而言，喝茶、就是一揮之不去的記憶。

正因如此，於我，既不渲染，也不逃避。

我第一次被喝茶，是2018年11月13日。於此，我寫有〈「喝茶」記・引言〉、〈後記：「喝茶」後記〉以及〈「喝茶」補記（顧曉軍小說【四】：引言）〉。

以上，前兩篇用在了《貿易戰》（2019年3月出版）一書中，後一篇雖說是〈顧曉軍小說【四】：引言〉，然在《顧曉軍小說【四】》出版時，沒用這篇事先寫好的引言。

一晃，第一次喝茶距今五年了。因此，我不想絮叨細節，只打算追思下為何被喝茶，及給我留下的較深的印象。

為何被喝茶？第一可能，與中美貿易戰相關。當時百度百科等都用「中美貿易糾紛」、「中美貿易沖突」，我則說破了——貿易戰。

其實，我的意思是——人家是玩規則、高附加值等起家的，不能跟人家玩。

或許，話有偏差，被誤解了。不再提及。

第二可能，是與劉剛玩，怕我被影響？按劉剛寫〈顧曉軍是先知先覺〉，誰影響誰，不太好說。

這次喝茶印象較深的，一是被「鎖」在了椅子上，二是被抄走了《大腦革命》、《打倒魯迅》、《公正第一》、《平民主義民主》、《顧曉軍小說【一】》、《顧曉軍小說【二】》、《顧曉軍小說【三】》等十幾本書。

其實，人家市局兩部門一行六人，是開了「傳喚令」、「搜查證」來的，我一時失去人身自由與被抄走十幾本自己寫的、出版的書，已不算太慘了。

第二次被喝茶，是2019年8月28日。而於此，我當日寫下了〈楊恒均害得我又一次「喝茶」〉。

為何我被喝茶、卻要怪楊恒均呢？說來話長，不展開（況，楊的事還沒完結，我不落井下石）；然，僅石三生的文章標題〈中國網絡第一間諜戰：顧曉軍楊恒均之爭〉，即可窺一斑。

這二次喝茶，與我主談的、是轉業到派出所的副所長；他在部隊時，搞宣傳，好像還上過軍報、寫過內參。見我年輕時、曾有那麼大的成就，對我的態度、很客氣，還換著拿聽裝的、鐵盒裝的好煙給我抽。

然，給我留下的、很不好的記憶是——其一，剛進去時，搜身。小警察叫我掏出褲兜裡東西，我都掏出來了；然，他還要搜身。這，太侮辱人了。

其二，是沒啥事，就是把我叫去敲打敲打；如同文革，一有風吹草動，就給地富反壞右訓話。

第三次被喝茶，是2019年11月1日。於此，當日沒寫。前一日，寫了關於林昭的文；之後，有一個多月沒寫文。

這一次，是我外出長跑，來人沒見著我；來人要進我家，我太太沒讓他進門。然，為警察老是找到家裡來，兩口子鬧得一塌糊塗。

第四次被喝茶，是2020年6月11日，也長跑、沒見到。當日，寫有〈2020年6月11日〉。

這第四次，我太太自然依舊大吵大鬧，可我不願忍了；如是，就撥通手機，跟警察大喊大叫。

我喊叫的主要內容是，我能有啥事？沒啥事，一會來找、一會來找，啥意思？警察那邊，約在開會，開始他還忍著；後來，也提高音量跟我大吵，說你有啥了不起之類，而後掛了手機。

第五次被喝茶，是2020年6月11日與派出所警察吵架的當天。

吵完之後，約兩小時，區裡的警察打電話給我，說他知道我跟派出所警察吵架的事了，但為履行公事，還得找我，約我下午到派出所去一談。我說，我不去；進到派出所的裡面，要搜身，我去、豈不成了自找不痛快？

他說，那在哪談？我說，到你辦公室。因我在區文聯（南京市是副省級）兼過委員、當過文協主席、會刊主編……他說不方便。我說，那我就沒有辦法了。

如是，他說，他下午開輛車過來，停在小區外河邊的停車場，而後打電話讓我下來，在車裡談。我說，這可以。

這樣，他下午開車來，在他車裡談了約一個多小時。主要內容——他問，是不是寫習慣了，不寫不行？是這樣的話，你就繼續寫；但，你得悠著點，不然、他罩不住我。還說，其實我們之間的關係，可以不用這麼緊張，建議我可以出來走動、走動，大家在一起吃吃飯……

我說，我就這點退休金，日子都難過……他問了多少後，就沒有再說啥了。

這一次，較深刻的印象與感受，是他想叫我出來、當高級五毛。於此，我不願幹，也幹不了。

對了，他答應，以後沒事盡量不再找我。

他做到了。所以，三年多了，我沒再被喝茶。而家裡，也不再吵了，只偶爾被提到；然，我在家中的地位，已與喝茶之前掉了個兒。

此外，其實還有兩次被喝茶。一次，就是楊恒均到了我過去的單位。為何一定要說是楊恒均去的呢？其一，2011年，楊恒均的助手李悔之，一路將與他們一起玩的冉雲飛、陳雲飛等都釣了進去；楊恒均，則負責對付不跟他們玩的我和石三生等之類。楊恒均南下，石三生進去吃了兩天盒飯，出來文中剛透露；我這邊，朋友就到我家，遞了當時的中層領導的話，「要我跟顧曉軍談，上面不給政策，不幫人家解決問題，我怎麼談」。

其二，我過去的單位級別特別高，不是楊恒均這樣的大忽悠，根本不可能見得到一、二號首長。而警察臨時看材料，與楊恒均通過和我在網上暗戰、對我的了解，絕對是兩回事；這其中的感覺，別人許察覺不出來，我自己咋可能感覺不到？這事，我點破了之後，楊恒均就玩「失蹤」；我又點破「失蹤」，楊恒均就到我的金羊網博客跟帖罵我、氣我。再後來，則是艾未未失蹤。

當然，也許有人會說，楊恒均早退出了、不幹了。就算楊恒均早退出了、不幹了，賴昌星能掛靠、郭文貴能掛靠，楊恒均怎麼就不能掛靠呢？掛靠有好處，楊恒均咋可能不要那好處？

另一次，則是顧粉團裡的一位朋友，說他和他的朋友到南京開生意上的會議，要見見我，一起吃一次飯。我努力推了，沒能推掉。

這次，一坐下來，他的朋友就跟我談王丹，說常看他的文章，並拿出手機、找出來給我看。其實，我對王丹一直沒有興趣，從來就沒有過興趣（我說過吧，臨時看材料的警察，與在網上暗戰過的楊恒均，是不一樣的）；我對劉剛感興趣，是因他先寫了〈顧曉軍是先知先覺〉，後又寫了〈答顧曉軍（N）：桃園論劍，煮酒論英雄〉、〈再答顧曉軍、石三生：三駕馬車、三足鼎立、桃園三結義〉等。

這次較深的印象，是他說，其實我可以到海外去發展，很多華人在當地很有實力，養得起我。

我的回答是，不願寄人籬下、仰人鼻息。我自己有退休金，雖然少了點，但、幹嘛要吃人家的、喝人家的呢？再說，這半道上、把我太太扔下，那她就太慘了。不道德的事，不能做。

另外，我的英語根本不行，也是其中的原因之一。後來，想到出去的吳祚來，及更早出去的余傑，我算是明白了這次吃飯的用意。

此外，還有次被威脅喝茶就很早了，是2009-11-26，已寫在〈「揭露韓寒」之纏鬥〉中，不重復。再，長跑途中與小區裡多次出現的異常現象、都不提。

記得，我在《中國新民運》一書中提出過「四不理論」，其中之一就是「不被抓」。現在看來，那時還是太迂腐——不被抓的底線太低，應該是「不喝茶」才對呀。

好在是，「喝茶」於眼下已成為了過去的記憶。但願，「喝茶」永遠停留在過去的記憶之中，不要再回到現實裡。

自然，我更希望下一代、下下一代……都不懂啥叫「喝茶」。

2023-8-25

國家圖書館出版品預行編目資料

顧曉軍紀實／顧曉軍著. --初版.--臺中市：白象文化事業有限公司，2024.3
面； 公分
ISBN 78-626-364-242-3（平裝）

1.CST: 顧曉軍 2.CST: 傳記 3.CST: 文集
782.887 112022292

顧曉軍紀實

作　　者　顧曉軍
校　　對　顧粉團
封面插畫　柯麗卿
發 行 人　張輝潭
出版發行　白象文化事業有限公司
412台中市大里區科技路1號8樓之2（台中軟體園區）
出版專線：（04）2496-5995　傳真：（04）2496-9901
401台中市東區和平街228巷44號（經銷部）
購書專線：（04）2220-8589　傳真：（04）2220-8505
專案主編　黃麗穎
出版編印　林榮威、陳逸儒、黃麗穎、水邊、陳媁婷、李婕、林金郎
設計創意　張禮南、何佳諠
經紀企劃　張輝潭、徐錦淳、林尉儒
經銷推廣　李莉吟、莊博亞、劉育姍、林政泓
行銷宣傳　黃姿虹、沈若瑜
營運管理　曾千熏、羅禎琳
印　　刷　百通科技股份有限公司
初版一刷　2024 年 3 月
定　　價　580 元